CB057359

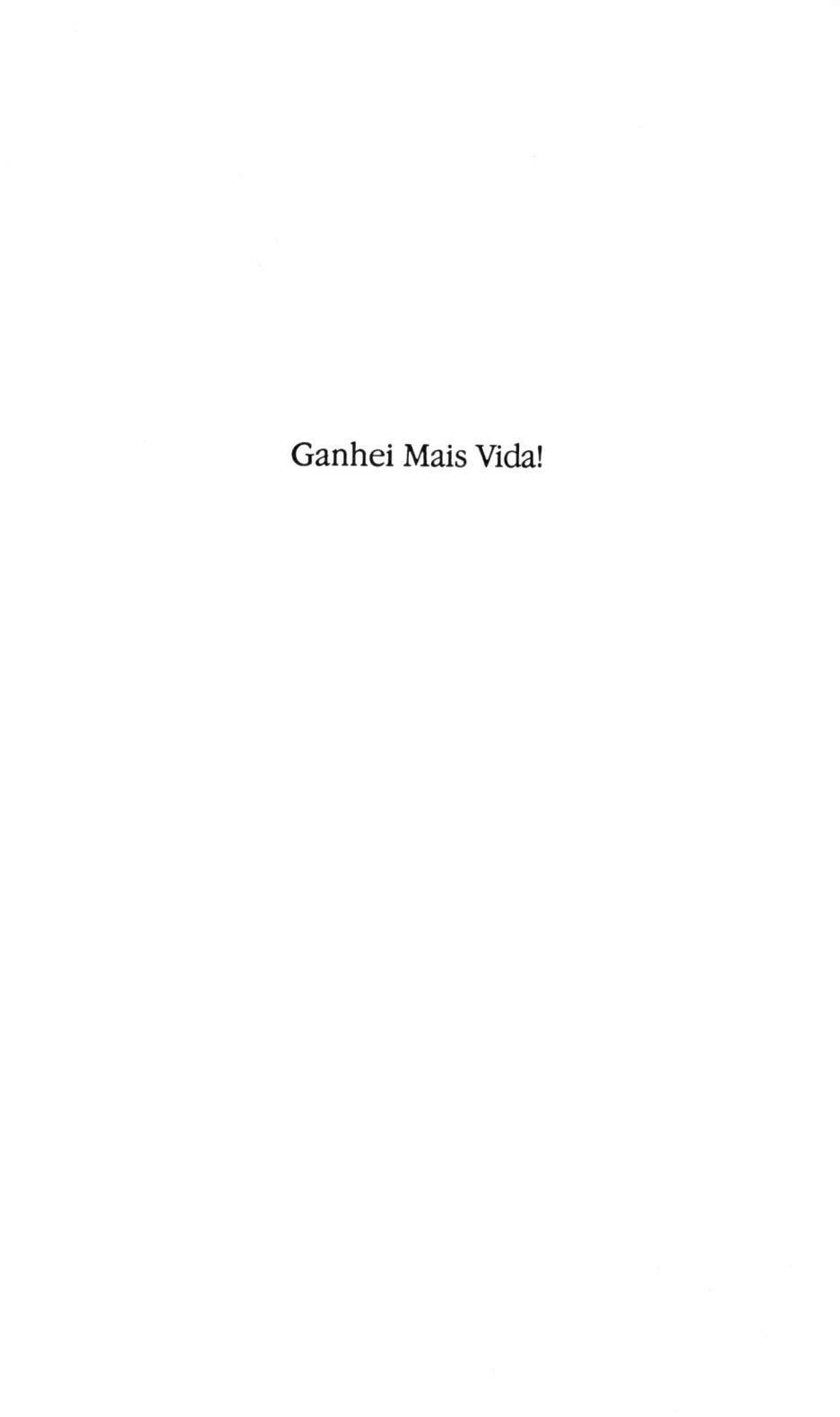

Ganhei Mais Vida!

Joël de Rosnay
Jean-Louis Servan-Schreiber
François de Closets
Dominique Simonnet

Ganhei Mais Vida!

O que fazer com a longevidade?

Tradução
Maria Helena Kühner

Copyright © Editions du Seuil, 2005

Título original: *Une vie en plus! La longévité, pour quoi faire?*

Capa: Simone Villas-Boas

Editoração: DFL

A tradutora agradece a consultoria prestada pela dra. Denise Kühner em relação aos termos técnicos e sua correta tradução.

2007
Impresso no Brasil
Printed in Brazil

CIP-Brasil. Catalogação na fonte
Sindicato Nacional dos Editores de Livros, RJ

G189	Ganhei mais vida!: o que fazer com a longevidade?/Joël de Rosnay... [et al.]; tradução Maria Helena Kühner. – Rio de Janeiro: Bertrand Brasil, 2007. 240p. Tradução de: Une vie en plus! La longévité, pour quoi faire? Inclui bibliografia ISBN 978-85-286-1279-0 1. Idosos – França – Condições sociais. 2. Idosos – Psicologia. 3. Velhice – Aspectos sociais. 4. Idosos – Cuidado e tratamento. I. Rosnay, Joël de, 1937-.
07-2849	CDD – 305.260944 CDU – 316.346.32-053.9 (44)

Todos os direitos reservados pela:
EDITORA BERTRAND BRASIL LTDA.
Rua Argentina, 171 — 1º andar — São Cristóvão
20921-380 — Rio de Janeiro — RJ
Tel.: (0xx21) 2585-2070 — Fax: (0xx21) 2585-2087

Não é permitida a reprodução total ou parcial desta obra, por quaisquer meios, sem a prévia autorização por escrito da Editora.

Atendemos pelo Reembolso Postal.

> "A velhice é tão longa
> que não precisamos ter pressa de entrar nela."
>
> Mark Twain

Sumário

Prólogo 9

PRIMEIRA PARTE
O corpo

1. Por que envelhecemos? 19
2. Primeiras receitas de longevidade 47
3. Amanhã, eu terei 120 anos! 75

SEGUNDA PARTE
O espírito

4. Os pioneiros da nova idade 107
5. Aos olhos dos outros 125
6. Vida longa para mim! 147

TERCEIRA PARTE
A sociedade

7. As duas fadas 167
8. A bomba da longevidade 189
9. Trabalhando mais 207

Epílogo 221
Bibliografia complementar 235
Notas 237

Prólogo

Acabamos de ganhar um presente fabuloso: uma vida a mais! Quinze a 20 anos de bonificação, que em breve serão mais, oferecidos a nós, habitantes deste planeta. E o que é ainda melhor: podemos gastar esse suplemento de existência gozando de boa sáude, e até mesmo em boa forma!

Podemos dizer isso de maneira mais solene: é, realmente, de uma revolução que vamos falar aqui, de uma verdadeira revolução, dessas que causam uma reviravolta duradoura em nosso corpo, em nossos comportamentos, em nossa maneira de pensar. Mas que também causa desequilíbrios em nossa sociedade, no futuro de nossos filhos e de seus descendentes. Uma transformação das maiores em nossa história, e que afeta diretamente a todos nós, seja qual for a idade.

A revolução da longevidade começou sem que dela tivéssemos, de fato, consciência, no decorrer das últimas décadas, por acréscimos sucessivos, um aninho aqui, um outro mais acolá... Os avanços fulgentes da ciência e da medicina vencendo doenças até então rebeldes, as sensíveis modificações em nossos modos de viver e em nossa alimentação, a atenção crescente que passamos a dar a tudo que nos cerca... Todos esses progressos, difíceis de serem percebidos em conjunto, tiveram como primeira conseqüência a de prolongar decisivamente nossa expectativa de vida. Um século atrás, um francês dificilmente chegava aos 49 anos. E eis que hoje, na França, fala-se em 84 anos para as mulheres e 77 anos para os homens. E isso são apenas as médias de vida. E também não pára por aqui. Continuamos encaixando mais um ano suplementar a cada quatro anos! Façam as contas e vocês vão ver com outros olhos os bebês que estão nascendo hoje: um em cada dois deverá chegar aos 100 anos.

Mas não é apenas nossa vida que está se prolongando. É a nossa vitalidade. Até bem pouco tempo, nossa existência estava cortada em três fatias: a infância (o tempo do desenvolvimento), a idade adulta (o tempo da atividade) e a velhice (o tempo do declínio). Não faz muito tempo inseriu-se entre elas a adolescência, primeiro período intermediário, como se diz ao falar da cronologia do Egito antigo. E agora estamos descobrindo um outro período de transição, uma nova idade entre a maturidade e a senescência, dos 60 aos 75 anos: uma segunda adolescência, talvez tão agitada quanto a anterior.

Essa nova idade tem seus pioneiros, os sexagenários e septuagenários, alguns dos quais nos trazem de suas viagens curiosos relatos: "Surpresa!", eles dizem. "Nós não somos velhos! Não nos sentimos sequer idosos!" Estão exultantes com o próprio vigor e se deixam envolver em sua despreocupação reencontrada. E foi assim que passamos a ver legiões de turistas grisalhos percorrendo todos os cantos do planeta, gozando sua prolongada aposentadoria. Ociosos e com rendimentos. É a idade de ouro dos *seniors*.

O que é uma boa notícia para o indivíduo, mas um desastre para a sociedade. Pois esses felizes avós estão reduzindo a pó os frágeis equilíbrios sociais e econômicos estabelecidos entre gerações e provocando uma crise sem precedentes. A longevidade é um belo presente, sim, mas é também uma bomba de efeito retardado. Que está prestes a explodir.

É essa paradoxal revolução, que se desenvolve em três frentes diversas, que vamos abordar aqui.

Primeira frente: o corpo, com Joël de Rosnay. Tempos atrás considerávamos o envelhecimento como uma fatalidade, um processo inevitável, cuja compreensão nos escapava. De alguns anos para cá, a ciência identifica os mecanismos que presidem ao declínio de nosso corpo. O drama do envelhecimento, descobrimos, se desenrola no fundo de nossos órgãos, na intimidade de nossas células, na expressão de nossos genes, como um ruído de fundo crescente e parasitário. O corpo também enferruja, à sua maneira. Fortalecidos por esses novos conhecimentos, os pesquisadores estão agora aprendendo a adiar a chegada da morte.

Por que envelhecemos? O que acontece, realmente, em nosso organismo? Como retardar a senescência? Quais são as receitas da longevidade? Joël de Rosnay, bioquímico, cientista, escritor e conselheiro da Sociedade de Ciências em Paris, tem sempre de antemão uma tecnologia e uma idéia. Ele esboça aqui um panorama completo de nossos conhecimentos e fornece, a todos nós, e não apenas aos mais idosos, um verdadeiro guia moderno para manter o próprio corpo em boas condições de saúde. Uma surpresa feliz: veremos que as revelações de ponta da ciência estão ligadas a conselhos de bom senso sobre nossa alimentação e nosso modo de vida e, por vezes, até mesmo a algumas receitas ancestrais.

A maior de todas as descobertas, explica ele, nos remete a nós mesmos: a longevidade está em nossas mãos. Nós passamos a ter o poder de agir sobre nosso próprio corpo para lhe dar todas as chances de uma vida longa. E isso é apenas o começo: já se anuncia uma revolução médica e tecnológica que vai ultrapassar nossas expectativas e que nos promete um corpo restaurado, modificado, talvez até transformado. Amanhã seremos todos centenários! Será que isso é bom ou ruim?

Segunda frente: o espírito, com Jean-Louis Servan-Schreiber. O corpo sozinho nada pode no caso se o espírito não fizer sua parte. Permanecer jovem é também uma escolha. Como esse pedaço de vida a mais é um suplemento, não de velhice, mas de vitalidade, nós podemos gastá-lo dispondo de todas as nossas capacidades de adulto. A nova idade é uma América a ser descoberta, um continente desconhecido de nossa existência, escondido atrás do horizonte dos 60 anos. Para se aventurar nele, é preciso se preparar com muita antecipação, munir-se de um bom equipamento e de boas ferramentas, treinar, estrear comportamentos inéditos.

Como viver essa segunda adolescência? Como reagir diante do olhar dos outros? Que sentido dar a esses anos de bonificação? Quais são as chaves de uma bela longevidade? Como ter uma vida longa sem se tornar um peso para quem está próximo? Até que momento é preciso lutar? Jean-Louis Servan-Schreiber, editor e escritor, é um estudioso de nosso tempo, um homem raro, que sabe conciliar os prazeres do momento com a serenidade da experiência. Ele detalha aqui seu *kit* para uma vida feliz, que comporta todos os elementos necessários para navegar bem em direção a essa nova terra.

A longevidade, para ele, é uma arte de viver, um estilo, uma filosofia. Trata-se, nada mais, nada menos, de armar uma resistência contra os falsos valores de uma sociedade entorpecida, que se lamenta em vez de agir e transforma seus jovens em desencantados conservadores. Nada mais, nada menos do que permanecer curiosos, em movimento, interessados, dinâmicos. Em suma, vivos, em todas as idades.

Terceira frente: a sociedade, com François de Closets. O reverso da medalha: se alguns vão tirar proveito da longevidade, a coletividade, por sua vez, está arriscada a sofrer com isso. Em inúmeros países ocidentais, os anos a mais vêm prolongar esse período supostamente bendito e sagrado em que não se trabalha mais, em que se é aposentado. Aposentado, então, mas também tendo renda, isto é, dispensado de atividade, mesmo estando ainda com total capacidade de produzir. Erro grave: pois são os nossos descendentes, ausentes das mesas de negociações, que vão ter que pagar por isso.

Como agir em relação a essas legiões de *seniors* cheios de vitalidade que adquiriram o direito à ociosidade à custa de seus filhos? Que conseqüências tem isso para as gerações futuras? Como desarmar a bomba da longevidade? François de Closets, homem de televisão e ensaísta, é um dos vigias da sociedade francesa e sempre um dos primeiros a ver os escolhos que apontam e a fazer soar o alerta. Desta vez é um imenso recife que se vê na linha do horizonte e para o qual estamos deslizando sem sentir. Será que devemos esperar chocar-nos com ele para reagir?

A França, explica ele, é a que está em pior situação. Ela não parou de antecipar continuamente a idade de início da aposentadoria, de reduzir a duração de vida ativa, de desvalorizar o trabalho. A longevidade só vai precipitar a tempestade. Seria, pois, urgente revisar o rumo, evitar as idéias recebidas prontas e desconfiar dos direitos adquiridos. Aqui também o que se pede é um sobressalto salutar, um retorno ao realismo. Se bem que a verdade é que hoje em dia o bom senso é algo revolucionário...

Este livro é também uma bela história. Há alguns anos tive o prazer de contar, juntamente com Hubert Reeves, Joël de Rosnay e Yves Coppens, a "mais bela história do mundo":[1] pela primeira vez, três grandes especialistas — no universo, na vida, no homem — se revezaram para contar em continuidade uma mesma epopéia — a da complexidade — e dar uma visão sintética de nossas origens, do *Big Bang* até hoje.

Quando, desta vez, Joël de Rosnay, com seu eletrizante entusiasmo, me alertou para a questão da longevidade, eu fiquei estupefato. Ao ouvi-lo, vi que alguma coisa de muito importante estava, evidentemente, em curso. Não hesitei. Com Jean-Louis Servan-Schreiber e François de Closets, partimos para a aventura, estabelecendo para nós mesmos algumas diretrizes: falar com sinceridade, não evitar perguntas que possam irritar, dirigir-nos, em termos acessíveis, a todos... Três homens no limiar dessa nova idade que os faz, ao mesmo tempo, prisioneiros e especialistas, e um interlocutor curioso, que busca manter uma falsa ignorância e ingenuidade. Será que precisamos assinalar que empreendemos, os quatro, essa viagem com muito bom humor e uma confiança que jamais nos abandonaram?

Como será evidente, nossos três analistas são unânimes em um ponto: sim, é possível conciliar as aspirações individuais e as obrigações para com a coletividade. Sim, podemos agir de modo que, em vez de cavar novas desigualdades, a longevidade seja proveitosa para todos e faça parte do verdadeiro progresso, o progresso da felicidade humana. Falta ainda o querer. É, portanto, um apelo a uma revolução fundamental, a das consciências, que fazemos aqui.

---

[1] Yves Coppens, Hubert Reeves, Joël de Rosnay, Dominique Simonnet, *La Plus Belle Histoire du Monde. Les secrets de nos origines*, Éditions du Seuil, 1996, e "Points", 2001.

PRÓLOGO

Longevidade, pra quê? Para que esse tempo suplementar ganho entre dois nadas? De que nos serve retardar a queda final? Talvez para fazer uma careta de zombaria para a natureza inimiga que trazemos dentro de nós, antes de render-nos a ela, com todas as nossas armas. Talvez para ganhar em sabedoria, para nos civilizarmos mais (e o caminho para isso ainda é longo). De qualquer forma, é preciso que saibamos dar a esse presente um sentido e que aprendamos a partilhá-lo. E esse é também um novo e belo desafio lançado à democracia. Uma vida longa e boa para cada um, e para todos.

Dominique Simonnet

PRIMEIRA PARTE

O corpo

CAPÍTULO 1

Por que envelhecemos?

É no fundo de nossos órgãos, na intimidade de nossas células, na expressão de nossos genes que se desenrola o drama do envelhecimento, como um ruído de fundo crescente e parasitário do funcionamento de nosso organismo e que o conduz lentamente ao declínio.

Uma revolução anunciada!

— ***Dominique Simonnet****: Parece que estamos assistindo, de alguns anos para cá, ao que caberia realmente chamar de uma revolução científica: os pesquisadores já estão compreendendo o fenômeno do envelhecimento e começam até a ter meios de reagir a ele. Será que estamos chegando a ponto de dominar nosso destino?*

—***Joël de Rosnay****:* É preciso lembrar, desde já, o seguinte: o processo de envelhecimento continua sendo inevitável. Pesquisador algum hoje acredita seriamente que possamos um dia atingir a imortalidade. Em nosso planeta, a morte é necessária à vida. Os átomos, as moléculas, tudo é reciclado. Se os organismos velhos não morressem, os novos não poderiam se desenvolver. É assim que acontece. O envelhecimento atinge todas as espécies, e não vemos como detê-lo totalmente. Em compensação, começamos a compreender melhor esse fenômeno e a poder intervir no sentido de retardá-lo. Neste domínio, estamos no limiar de uma imensa revolução, não só científica, como social e econômica.

— *E de onde vem essa revolução?*

— De todos os lados! Da embriologia, da imunologia, da genética, da neurobiologia, da psicologia... Até então estudávamos as funções do corpo em separado: os neurobiologistas cuidavam do sistema nervoso; os imunologistas, do sistema imunológico (que nos protege contra as doenças, as bactérias e os vírus); os endocrinologistas, do sistema hormonal (que dirige nosso crescimento, os ritmos de vigília e sono, nossos humores, nossa sexualidade). Essas disciplinas, sobre as quais pouco se falava, começaram a dialogar umas com as outras. A partir daí não hesitamos mais em estabelecer pontes entre o estado físico e o estado psíquico, entre o corpo e o espírito; e interessa-nos igualmente a influência de nossos modos de vida e de nosso meio ambiente sobre o envelhecimento. Os recentes investimentos realizados na pesquisa contra o câncer e a AIDS também progrediram: percebemos que a destruição do sistema imunológico pelo vírus da AIDS é uma senescência precoce, e sabemos que o câncer é, também, uma doença ligada ao envelhecimento... A tecnologia, por sua vez, inventou um novo arsenal terapêutico — *chips* implantáveis no corpo, anticorpos monoclonais, sondas de hibridação molecular. Enfim, tudo isso permite intercambiar informações dispersas e esboçar uma abordagem global do envelhecimento. Os pesquisadores já não se preocupam apenas com sintomas, eles agora se interessam pelas causas desse fenômeno.

— *É, de fato, um verdadeiro festival... Até então nós considerávamos o envelhecimento, grosso modo, como algo ligado apenas aos órgãos. Se estou entendendo bem o que você diz, atualmente vamos a seu encalço em todos os níveis, até mesmo na intimidade de nossas células.*

— Antigamente não podíamos fazer mais que observar a degradação do corpo e de suas funções. Mas Pasteur já havia compreendido que, para entender de maneira mais completa o ser vivo, era preciso observá-lo em suas estruturas mais diminutas. Mas ele estava limitado, para tal, pela reduzida capacidade de seu microscópio. De lá para cá, as técnicas fizeram progressos consideráveis, e atualmente podemos estudar o corpo, e, portanto, o fenômeno do envelhecimento, em todos os seus níveis. Primeiro, os órgãos e os tecidos, que são constituídos de bilhões de células. Depois, as próprias células e as relações existentes entre elas. A seguir, as grandes moléculas no interior dessas mesmas células, isto é, as proteínas, as enzimas e, evidentemente, o DNA com seus genes. E, por fim, as pequenas moléculas, os peptídeos, os hormônios que desempenham o papel de reguladores ou de "mensageiros" nas funções do corpo.

O carburador entupido

— *Vamos, então, dar um zoom em um corpo que está envelhecendo, partindo do plano maior: o dos órgãos. Nesse plano vamos assistir a fenômenos que são, em seu todo, bem simples: com o uso, ele entope, enguiça, fica bloqueado, como um carro que já tenha sido muito usado. É isso?*

— De certa forma, sim. O corpo absorve e trata uma grande quantidade de substâncias, engolidas ou inaladas. Algumas delas ele transforma, outras ele rejeita. À medida que o tempo passa, vemos que certos órgãos já não vão funcionando tão bem. Mesmo quando eles têm pequenos cílios que eliminam a poeira, mesmo quando eles não estão engasgados com o piche do tabaco, os bronquíolos acabam ficando progressivamente obstruídos. A partir dos 40 anos, os rins também entopem, tal como o filtro do carburador de um automóvel, e deixam passar cada vez mais poluentes. A estrutura interna dos ossos se fragiliza, provocando o que se chama, em geral, de osteoporose. Com a idade, os músculos perdem sua capacidade contráctil em conseqüência da modificação de suas proteínas... Conhecemos remédios simples para tais degradações, como, por exemplo, fazer exercícios para manter a massa muscular, devido ao aumento de produção de hormônios de crescimento. Em breve poderemos despoluir a máquina e fazer trocas *padrão* de órgãos. Voltaremos a falar disso. Por enquanto digamos, simplesmente, que o exercício e a alimentação são essenciais para reduzir o envelhecimento natural dos órgãos.

— *Sabemos que o cérebro também se deteriora.*

— É um caso à parte. Com a idade, ele perde algumas de suas conexões, algumas de suas aptidões (os que não exercitam regularmente sua memória vão vendo que ela enfraquece). Mas, embora o número de neurônios diminua, estes continuam a criar novas conexões, mesmo aos 80 anos! Mais uma vez, contanto que as estejamos utilizando (nós temos 100 bilhões de neurônios conectados, cada um, a 1.000 outros neurônios, o que dá um total de 100 trilhões de conexões ou sinapses). Hoje já sabemos que os neurônios estão rodeados de células gliais que lhes dão alimento e eliminam os poluentes. É, de certo modo, como se existissem em nós dois sistemas de comunicação: o dos neurônios, semelhante a uma rede telefônica com fio; e o das células gliais, que seria comparável à rede sem fio de nossos telefones celulares. Você sente, de repente, o cheiro de um perfume: imediatamente, os receptores de seu nariz enviam um sinal "sem fio" via células gliais para todo o cérebro, o que vai despertar certos neurônios que emitem, por sua vez, sinais entre eles. E você reconhece esse perfume e o associa a uma mulher que você um dia encontrou...

— *Mas isso é muito romântico... Que conclusões devemos tirar daí?*

— Quanto mais nos fazemos perguntas, quanto mais curiosos somos, mais temos prazer em viver, e mais os neurônios se ativam, mais as conexões continuam a se estabelecer, mais o cérebro se mantém em forma. Portanto, permanecer ativos, intelectual e fisicamente, é a forma de combater o envelhecimento. Hoje sabemos que o cérebro se reorganiza permanentemente quando, por exemplo, lemos um livro, tocamos piano, fazemos atividades do tipo faça-você-mesmo, dirigimos um carro, usamos um computador ou a internet. Criamos, assim, novas funções, respostas adequadas: nós nos tornamos "mais inteligentes". Assinale-se, de passagem, que os óleos de peixe, como os Ômega 3, desempenham um papel importante para a boa saúde das células gliais e para as comunicações das sinapses, e contribuem, portanto, para aumentar a aprendizagem, a memória ou para reduzir os riscos de depressão mental... E mais uma vez aqui se esboça o papel decisivo da alimentação.

O pavio da vela

— Vamos continuar com o zoom. *Estamos chegando agora no nível das células.*

— As descobertas nessa área foram prodigiosas. O estudo das células começou na década de 1950, com o desenvolvimento da biologia molecular, que deve muito aos franceses Jacques Monod, André Lwoff e François Jacob (prêmio Nobel em 1965). Em sua linha de pesquisa, os biólogos estudaram organismos muito simples, como a bactéria *Escherichia Coli*, um pequeno colobacilo de nosso intestino, formado por uma única célula, e que se tornou o animal de laboratório de pesquisadores do mundo inteiro. A seguir eles se interessaram por organismos mais complexos, como a mosca drosófila e um pequenino verme com um nomezinho bonito, o *Caenorhabditis Elegans,* que conseguiram descorticar totalmente, célula por célula, gene a gene, e traçar o mapa completo. Esse vermezinho redondo, que pertence ao gênero dos nematódeos, mede 1mm de comprimento e 0,1mm de diâmetro e é totalmente transparente. Portanto, podemos ver claramente seus órgãos, seus músculos, o sistema nervoso, o aparelho digestivo e o reprodutor. O animal é composto de mais ou menos 1.000 células e tem 6 cromossomos (com 19.000 genes). Os pesquisadores agora conhecem o papel de cada um deles e sabem como modificá-los para estudar os efeitos sobre o comportamento e a duração de vida do animal.

— *E o que esses simpáticos animais nos ensinaram então?*

— Primeiro, foi necessário entender melhor os mistérios da divisão celular. No início dos anos 1960, dois cientistas americanos[1] acompanharam a evolução das células que, desde o seu primeiro estágio embrionário, se dividem e se especializam em células da pele. Elas se reproduzem uma, duas, três vezes... Organizam-se em tecidos, depois, ao cabo de 50 divisões em média, não se multiplicam mais. Parecem programadas para parar, tal como as velas que se apagam uma vez consumido seu pavio. A metáfora é pertinente: no final da década de 1980, esse "pavio" biológico foi encontrado.[2] São pedaços de DNA (chamados "telômeros") situados na ponta do filamento do cromossomo da célula. Cada vez que a célula se divide, um pedaço desse pavio é cortado por uma enzima. Quando nada mais resta dele, o processo pára: a célula não se divide mais. O tecido mantém, então, as mesmas células, ele já não mais se regenera, ele envelhece. Aí todos disseram: Maravilha! Descobrimos o segredo do envelhecimento! Se encontrarmos agora um meio de impedir as células de parar sua divisão, vamos poder intervir nesse fenômeno e dar novamente um toque de juventude ao tecido.

— *Eu imagino que isso não seja assim tão simples.*

— Infelizmente! O interruptor biológico não funciona com todos os toques. A teoria não é válida para todas as células do corpo. Algumas delas não obedecem a essa regra, elas se reproduzem e não morrem. É o caso das células da medula óssea, por exemplo, que fabricam os glóbulos vermelhos. Sabemos também, há pouco tempo, que alguns de nossos neurônios continuam a se dividir e que o cérebro contém até mesmo células embrionárias. Quanto às células cancerosas, elas se reproduzem como loucas (reconstituindo, a cada vez, uma pequena extremidade do famoso pavio, devido a uma enzima, a telomerase). Enfim, somos capazes de cultivar em laboratório células que se multiplicam indefinidamente se a elas acrescentarmos fatores de crescimento e vitaminas.

— *Era, portanto, uma pista falsa?*

— O que é preciso guardar de tudo isso é a idéia de que existe um interruptor biológico que, no momento do desenvolvimento do organismo, detém a divisão das células. Mas o envelhecimento é algo bem mais complicado. Ou, pelo menos, não é apenas uma história de células que não se reproduzem mais.

Quando o corpo enferruja

— *Precisamos descer mais um degrau para desta vez chegarmos ao nível das moléculas.*

— Nesse nível foi feita uma outra descoberta relativa a nossas mitocôndrias, que se encontram em grande número no interior de cada célula.

— *Tenho uma vaga lembrança disso, do curso de biologia: são pequenas bolsas que produzem a energia, não são?*

— Sim. Em síntese, são microcentrais: elas queimam as substâncias trazidas pelos alimentos (aminoácidos, lipídios e sobretudo glicose) para produzir o carburante das células (o ATP ou adenosina trifosfato). É o combustível universal dos seres vivos, que utilizamos a cada instante para nos movermos, nos deslocarmos, para fazer funcionar nosso cérebro, que é um grande consumidor de energia. Para fazer seu trabalho, as mitocôndrias têm necessidade de oxigênio, trazido pelos glóbulos vermelhos. Mas toda caldeira cria poluição: a glicose se degrada em gás carbônico (CO_2), em vapor d'água e em... perigosos radicais livres.

— *Por que esses famosos radicais livres são um perigo tão grande para nossas células?*

— Porque são moléculas desequilibradas que possuem um elétron livre (não partilhado em uma ligação química), o que as torna muito reativas e até mesmo destruidoras quando interagem com outras moléculas, produzindo, inclusive, efeitos em cascata: as moléculas sadias "atacadas" se tornam, por sua vez, radicais livres e atacam outras... Essa reação em cadeia perturba a estrutura das membranas de nossas células tornando-as menos flexíveis e, portanto, menos permeáveis.[3] Resultado: elas fazem menos trocas com suas vizinhas, comunicam-se mal. Como se elas tivessem ficado "enferrujadas", atingidas pela corrosão do oxigênio.[4]

— *Células enferrujadas que se desregulam!*

— Completamente. E quanto mais rápido gira a mecânica celular, mais ela polui. Assim, quanto mais as pessoas praticam esportes de maneira excessiva, quanto mais se irritam, quanto mais absorvem poluentes (cigarros, má alimentação) nossas mitocôndrias, como motores cujo carburador esteja mal regulado, fabricam mais radicais livres (é o que se passou a chamar de "estresse oxidativo"). Com a idade, elas se degradam, perdem sua capacidade de fabricar energia suficiente. Resultados: degenerescência celular, fadiga, perda de memória, redução da atividade cerebral.

A baleia e a ratazana

— Em suma, se nossas células trabalham mal e de forma demasiado rápida, há superaquecimento, corrosão, ferrugem. Seria, então, essa oxidação das células que nos faria envelhecer?

— Em grande parte, sim. Nossas células se comunicam por sinais químicos (que desencadeiam a fabricação de proteínas, de enzimas específicas). Se elas funcionarem mal, se o sinal for perturbado por membranas entupidas, as proteínas serão mal formadas e uma série de disfunções será produzida, em cascata. E isso em relação a todas as células de nosso corpo: as da pele, do fígado, as neuronais. Pouco a pouco, é o organismo inteiro que será envolvido.

— E o corpo se deteriora...

— Daí o interesse em desacelerar o metabolismo de nossas células, comendo menos, por exemplo. É a restrição calórica. Vamos falar disso adiante. Geralmente, quanto menor é um organismo, mais rápido é o seu metabolismo, e mais rápido ele envelhece, morrendo cedo. Uma ratazana vive apenas cerca de 100 semanas, não pesa mais de 20 a 30 gramas, mas seu coração bate muito rápido: até morrer, ele completou cerca de 1 bilhão e meio de batimentos. O de uma baleia, que vive bem um século, e pesa de 30 a 100 toneladas, bate muito lentamente: ao morrer, ele também terá completado cerca de 1 bilhão e meio de batimentos. São organismos de tamanho e peso muito diferentes, tendo, no entanto, propriedades comuns. O que corresponde ao que chamamos de "leis de escala", a paixão dos biólogos.[5]

— *É mesmo perturbador... Para evitar esse fenômeno de oxidação celular não existe um antiferruginoso?*

— Existe. Aliás, não haveria vida se não houvesse antioxidantes. Eles existem exatamente no ambiente em torno da mitocôndria. Algumas substâncias que nós ingerimos desempenham igualmente esse papel (a vitamina E, a vitamina C, o betacaroteno, o selênio, o zinco) e livram nosso corpo dos radicais livres que o oxidam... É possível, também, dopar indiretamente nossas pequenas caldeiras celulares com produtos usados por alguns desportistas, que lhes dão uma "turbinada". Mas isso produz de novo... radicais livres. A combinação de *dopings* e antioxidantes produz cansaço e faz as células envelhecerem. Tal como se dirigíssemos um carro pisando ao mesmo tempo no acelerador e no freio.

O elixir da juventude

— *Resumindo, não saímos disso. Nada de antiferruginosos em excesso, nada de "turbinadas". O que fazer, então?*

— Uma equipe de pesquisadores talvez tenha encontrado o regulador ideal da mitocôndria: a mistura de um aminoácido natural (o acetil-L-carnitina ou Alcar) com um poderoso antioxidante, igualmente natural (o ácido R-alfa-lipóico). Se você administra esse coquetel em ratos de 4 anos, de pêlo embranquecendo, já atacados de artrose, e que tenham perdido inúmeras de suas capacidades, sobretudo a de se orientar dentro de um labirinto ou de ter energia suficiente para virar uma caixa, você verá que eles recuperam a juventude, o vigor e a memória de ratos de 6 meses e a capacidade de se orientar!

— *Mas nós não somos ratos...*

— Essa descoberta, anunciada por Bruce Ames[6] em 1998, despertou extraordinário interesse em inúmeros laboratórios. E estão sendo feitas tentativas com seres humanos... Para promover sua descoberta, esse cientista criou uma "empresa", Juvenon, que comercializa a "Fórmula Juvenon", contendo os dois produtos naturais. Mas, para mostrar seu desinteresse, ele doou todas as suas ações a uma fundação que financia pesquisas sobre o envelhecimento.

— *Ora veja, um pesquisador filantrópico. Será que descobriram, então, o elixir da juventude?*

— Não é tão rápido assim! Mas ao menos ficou demonstrado que um suplemento alimentar retarda o envelhecimento, pelo menos no caso dos ratos. Nos Estados Unidos, na Inglaterra, na Suíça, na Alemanha, já se receita o Alcar ou a "Fórmula Juvenon" para dar mais energia a pessoas cansadas ou idosas. Mas não na França, onde ainda se é mais prudente... Uma coisa, porém, é certa: é possível combater certos aspectos do envelhecimento celular.

— *O que já é uma boa notícia.*

— Sem dúvida. Mas também já compreendemos que outros fatores intervêm na senescência: os vírus, as bactérias, mas também nosso modo de viver e nossa alimentação provocam uma oxidação permanente de nosso corpo. Os poluentes atmosféricos e alimentares, os nitratos, as radiações, os raios do sol e o estresse acentuam igualmente o envelhecimento. Ou mais: como comprovou

Luc Montagnier (o descobridor do vírus da AIDS), nossas células, ao combaterem a oxidação provocada pelos agentes infecciosos, desencadeiam fenômenos de inflamação que estão na origem de determinadas doenças consideradas "da terceira idade".

— *Em suma, tais doenças seriam provocadas por um acréscimo de defesa do organismo. Nós estaríamos atacando a nós mesmos.*

— A defesa do corpo vai, de fato, demasiado longe. Lutando contra a oxidação, o corpo gera patologias do envelhecimento. Conhecemos as doenças ditas degenerativas, como as doenças cardiovasculares: um colesterol "ruim" se deposita em placas sobre as artérias, a pressão sobe, o que ocasiona ataques violentos na circulação do sangue e pode fazer romper uma artéria, provocar um derrame cerebral ou criar uma hemiplegia. Existem também as doenças dos olhos: a degenerescência macular e a catarata estão ligadas a oxidações da retina e do cristalino. O mal de Alzheimer é, também, resultante desse fenômeno de oxidação e de inflamação: o depósito de uma proteína tapa a comunicação dos neurônios, provocando a morte de alguns deles, o que altera a memória. Além dessas, a artrose: a oxidação ataca as juntas das cartilagens, os ossos deixam de ter superfícies articulares que deslizam entre si graças às cartilagens, ou seja, o osso perde seu lubrificante. É o reumatismo...

— *Tudo isso porque nos oxidamos... E é possível remediar essa inflamação das células?*

— Luc Montagnier, que tem uma visão global da longevidade, propõe criar uma fundação internacional especializada na prevenção dessas doenças. Segundo ele, seria possível aumentar em, pelo menos, 20 anos a duração da vida ativa, muito além dos 60 anos, realizando testes biológicos personalizados e administrando antioxidantes adequados a cada caso, bem como imunoestimulantes. Compreendemos, assim, o enorme interesse que há em "gerir" nosso corpo para evitar que ele tenha que lutar incessantemente contra agressões e contra o superaquecimento de suas células. Mais uma vez se manifesta aqui a necessidade de uma alimentação e de um modo de vida que levem isso em conta.

As células loucas

— *O câncer, como se sabe, é também provocado por uma desregulagem das células. Ele entra também nessa categoria?*

— O risco de ter um câncer aumenta com o envelhecimento. É freqüente, em nosso corpo, que as células enlouqueçam: elas "esquecem" que são especializadas — células de pele, de coração ou de fígado — e começam a se dividir como se fossem células de embrião, como se elas tivessem voltado à infância. Isso é desencadeado por genes que tenham sido excitados por um vírus ou que tenham sofrido uma mutação. Mas, sem que saibamos, outros genes, os repressores, reagem e vão anular esse processo. Nosso corpo vive, portanto, em um armistício permanente, em um pacto entre as forças de promoção e as forças de inibição.[7]

— *Ele desenvolve uma luta surda e invisível contra seus próprios erros... Então temos dentro de nós uma espécie de polícia genética.*

— Exatamente. Mas de repente acontece que ela deixa de ser eficiente. O que é que destrói esse equilíbrio? Vamos tomar como exemplo o fenômeno da cicatrização. Imaginemos que você cortou o dedo. Algumas células de sua pele vão ser, então, separadas pelo corte, não vão mais ficar em contato. Isso desencadeia, de imediato, a atividade de alguns de seus genes, que lhes dão ordens de se dividir. Elas se dividem, se dividem, se dividem até que conseguem atingir de novo outras células do outro lado da ferida. Nesse momento, proteínas situadas na superfície enviam agora o sinal de parada: "Parem tudo, vocês já fizeram o trabalho de reparação, voltem a ser sociáveis e fiquem quietas!" E elas param de se dividir. É o que nós chamamos de inibição de contato. O tecido se formou novamente, de acordo com o plano original.

— *Mas e as células cancerosas? Elas não ouvem mais esse sinal.*

— O câncer é comparável a uma cicatrização que não pode mais parar. As células malignas são cegas e surdas aos sinais que vêm do ambiente em torno. Elas se dividem sem que sinal algum venha ativar seus genes e inibi-las. Elas têm, ainda por cima, uma estratégia muito maquiavélica: quanto mais o tumor se desenvolve, mais atrai os capilares sangüíneos para ele, para bombear-lhe energia (é o que chamamos de angiogênese). As células cancerosas fabricam, também, substâncias, os peptídeos, que adormecem as defesas imunológicas. E, ao contrário das células sadias, que morrem se forem isoladas de seu tecido de origem, elas têm uma forma de autonomia: pegam emprestado o circuito sangüíneo e passeiam por todo o corpo (as metástases), fabricando produtos que dissolvem as células que encontram pela frente para poder passar.

— *Verdadeiras artimanhas biológicas... E quanto mais velhos, mais vulneráveis nos tornamos a essa ofensiva?*

— Exato. Primeiro, porque, com a idade, o sistema imunológico é menos eficaz: as células de defesa, enfraquecidas pela ferrugem do corpo, têm uma dificuldade cada vez maior em reconhecer os estranhos. Depois, porque as células de um corpo idoso correm um risco maior de se tornarem cancerosas: elas são as descendentes de uma longa linhagem de células, de uma longa história de divisões sucessivas e trazem consigo uma acumulação de erros de cópia. É principalmente o caso das células dos tecidos, que se multiplicam muito, como a pele, os brônquios, o fígado, os rins, o pâncreas. Não é por acaso que são esses os locais mais vulneráveis ao câncer.

— *O meio ambiente desempenha também um papel nisso.*

— O câncer do pâncreas e o de mama podem ser desencadeados por hormônios fabricados pelo corpo ou por certos produtos, como pesticidas, desodorantes. O câncer dos brônquios, por sua vez, resulta da irritação permanente dos tecidos devido à fumaça do cigarro; o da pleura, devido ao amianto: de tanto serem excitadas e agredidas, essas células acabam se multiplicando como se tivessem que realizar uma cicatrização. O câncer de boca do fumante de cachimbo, ou o do esôfago, resultante do refluxo esofágico, nascem também de uma agressão contínua do tecido. Os de mama ou da próstata estão relacionados com a idade e talvez igualmente com produtos hormonais que as mulheres tomaram ou com o modo de vida dos homens. Enfim, se nos órgãos de filtragem (os pulmões, os rins, o fígado, que misturam enormemente produtos estranhos) as células acumularam erros de mutação, se ainda por cima as defesas imunológicas gerais se reduziram, se o estresse da pessoa envia seguidamente sinais de desequilíbrio a seu organismo, então o câncer terá maior probabilidade de se desencadear e de não ser eliminado naturalmente.

Genes econômicos

— *Vamos descer mais um degrau, para chegar agora ao nível dos genes. Eles têm também relação com o envelhecimento?*

— Isso foi objeto de uma outra revolução científica. Estamos hoje entrevendo a possibilidade de um "prolongamento genético da vida". Resultados decisivos foram obtidos no decurso dos últimos 10 anos sobre os genes considerados "do envelhecimento". Parece (pelo menos no caso de organismos como cogumelos unicelulares, vermes, a mosca drosófila) que três categorias de genes aceleram ou retardam o envelhecimento: 1) os que "ligam" ou "desligam" os processos de pôr em reserva ou de utilizar energia; 2) os que ativam os processos antioxidantes, protegendo as células contra os radicais livres; 3) os que regulam e reduzem a "ferrugem" da mitocôndria, a pequena caldeira de nossas células.

— *Uma das descobertas foi exatamente a que foi feita com o pequeno verme de que falamos, por Cynthia Kenyon, da Universidade da Califórnia em São Francisco, uma pesquisadora que, diga-se de passagem, parece ter aplicado a si mesma as próprias descobertas, pois ela não demonstra realmente a idade que tem...*

— Ela merece, realmente, que falemos dela em primeiro lugar. Em 1993, essa cientista conseguiu mais que *dobrar* a duração de vida desse pequeno verme, passando dos 18 dias dos vermes normais para 45 dias de vida.[8] Para isso, ela modificou um gene do animal (chamado IGF-1), que comanda a fabricação de uma proteína que desempenha o papel de receptor da insulina, e de seu "primo", o fator de crescimento IGF-1.

— *A coisa está ficando complicada...*

— De modo algum. Essas duas substâncias, a insulina e o fator de crescimento, atuam como mensageiros químicos de um extremo a outro do corpo (por exemplo, quando uma célula do músculo é contactada por insulina, ela aumenta seu consumo de glicose ou seu estoque, para uso posterior). Se suprimimos esse famoso gene, a célula deixa de ser sensível à mensagem da insulina. Ou seja, esse gene põe o corpo ou em modo econômico, ou em modo de utilização imediata. Pois bem: modificando-o para o modo "econômico", conseguimos prolongar em mais de 50% a duração de vida do animal.

— *Tudo bem. É um animalzinho que não tem mais que uma dezena de milhares de genes. Mas nós, nós não somos vermes da terra, e temos pelo menos três vezes esse número de genes.*

— Correto. Mas estamos trabalhando agora com genes de ratos, e, depois, do ser humano, e acreditamos que daqui a 20 anos poderemos alterar a rapidez do envelhecimento.

— *Já terão encontrado o gene do envelhecimento?*

— Não. Mas talvez uma espécie de regente da orquestra que age sobre genes ligados ao metabolismo energético e, portanto, à capacidade do corpo de se oxidar. Conhecer outros regentes de orquestra genéticos seria algo valioso para retardar o envelhecimento. Ora, acabamos de descobrir alguns deles, graças a um espantoso fenômeno trazido à luz nos anos 1930:[9] reduzindo em cerca de 40% o número de calorias consumidas por dia pelos ratos, prolongamos a duração de sua vida em 20 a 40%. A influência da restrição calórica sobre a longevidade foi a seguir verificada em organismos vivos tão diversos quanto cogumelos unicelulares (70% de vida a mais!), ratazanas, vermes, aranhas, peixes ou moscas...

— ... *e no animal humano?*

— A maior parte dos pesquisadores acredita que isso é também válido para o homem. O que significa, para nós, que, se quisermos obter resultados expressivos no sentido de prolongar a vida, devemos consumir de 1.700 a 1.900 calorias por dia, em vez das 2.300 (ou até 3.500, ou mesmo 4.000, em um quadro de consumo excessivo) que normalmente consumimos. Trabalhos recentes[10] permitiram identificar um gene[11] implicado nesse fenômeno, que age como um interruptor molecular para "ligar" ou "desligar" outros genes, reduzir a atividade do corpo ou protegê-lo contra radicais livres. O organismo, julgando-se estressado ou quase em estado de fome, baixa sua excitação para sobreviver mais tempo e, ao fazer isso, envelhece menos rápido. Manipulando esse gene em um cogumelo unicelular e naquele pequeno verme *C. Elegans,* aumentamos em 30 a 50% a duração de vida desses organismos.

O corretor ortográfico

— *Comer menos para envelhecer menos rápido... Vamos falar disso no próximo capítulo, mas não é uma idéia que entusiasma muito...*

— É por isso que tentamos identificar moléculas que poderiam agir sobre esse famoso gene e manter esses efeitos benéficos sem que tenhamos necessidade de nos privar exageradamente de alimentos. E conseguimos.[12] São, em primeiro lugar, os polifenóis, substâncias naturais presentes em todas as plantas, nas frutas e nos legumes, nos quais elas em geral têm o papel de colorantes ou de antioxidantes. Entre elas a quercetina, que encontramos nas maçãs e no chá. Mas identificamos uma molécula ainda mais poderosa, que prolonga a vida dos cogumelos unicelulares em 70%. Essa misteriosa molécula é simplesmente o resveratrol, um dos principais componentes do vinho tinto.

— *Ah! Essa é uma boa notícia, que vai agradar aos vinicultores!*

— É uma molécula muito simples, que se assemelha a certos hormônios do corpo. Ela produziria nas células um efeito análogo ao da restrição calórica e, ao que se crê, protegeria igualmente os mamíferos contra certos tipos de câncer e outras doenças ligadas ao envelhecimento... O que permitiria também explicar as razões do *paradoxo francês*: os franceses, que consomem muito gorduras e *foie gras*, não têm mais doenças cardiovasculares que os outros povos, nem uma duração de vida menor. O resveratrol, componente essencial da polpa da uva e, portanto, do vinho que consumimos, nos protegeria de doenças cardíacas e ainda nos daria o bônus de retardar o envelhecimento. Pasteur já dizia que o vinho tinto era um excelente antiviral (os flavonóides, que pertencem à grande família dos polifenóis, destroem determinados vírus). A genética está ultrapassando as suas expectativas.

— *E está nos levando a caminhos, de certa forma, inesperados. Isso é tudo, no que se refere aos genes?*

— De jeito nenhum! Temos que voltar a falar de nossas mitocôndrias, que são, sem dúvida alguma, o ponto central dessa história. Elas têm seu próprio DNA, elas também se dividem, e acontece que também cometem seus erros de reprodução. Ora, sabemos que esses erros são automaticamente corrigidos por uma enzima que age como o corretor ortográfico de um computador e que, evitando o acúmulo de erros, retarda o envelhecimento. Pesquisadores suecos[13] identificaram o gene que comanda esse "corretor" e, para verificar sua teoria, criaram uma geração de ratos nos quais esse gene tinha sido modificado. Resultado: até a idade de mais ou menos 25 semanas, os animais parecem normais, porém, progressivamente, começam a apresentar sinais característicos de envelhecimento prematuro: perda de peso, queda de pêlos, curvatura da coluna vertebral, osteoporose, anemia, queda na fertilidade, aumento do tamanho do coração. Os primeiros ratos mutantes morreram com mais ou menos 40 semanas. Nenhum deles sobreviveu mais de 61 semanas, ao passo que, em um grupo de ratos normais, mais de 90% deles, da mesma idade, continuaram com saúde excelente, o pêlo brilhante e os bigodes em alerta. A expectativa de vida dos ratos mutantes foi, portanto, *reduzida à metade* simplesmente com a modificação de um gene da mitocôndria.

— *Gene precioso, que nos conserta permanentemente, sem nem sabermos disso...*

— E preciosas mitocôndrias... Hoje sabemos igualmente que os radicais livres que elas produzem quando funcionam em regime total também se voltam contra elas, destruindo seu DNA, acelerando o desgaste e, portanto, o envelhecimento das células em que elas se encontram... Foi recentemente demonstrado[14] (depois de terem sido comparados os genes de várias gerações em famílias distintas) que três das doenças da terceira idade, a hipercolesterolemia (excesso de colesterol), a hipertensão e a hipomagnesemia (falta de magnésio) são também causadas simplesmente pela mutação do DNA das mitocôndrias. Vemos, pois, que há um enorme interesse em cuidar muito bem delas.

Um terrível ruído de fundo

— *A gente se perde um pouco na dança dessas mitocôndrias e dessas células loucas. Se fizermos um balanço das pesquisas mais recentes, será que poderemos explicar, finalmente, por que envelhecemos?*

—Vamos resumir. Ao se renovarem, as células cometem erros de cópia, elas se restauram mal. Como a sua pequena caldeira interna vai ficando cada vez mais poluída, elas se oxidam, já não trocam tão bem com suas vizinhas, enviam maus sinais químicos, o que provoca degradações em cascata. Em nosso corpo, a comunicação celular se embaraça, as desregulações se multiplicam... O fenômeno se acentua de acordo com nossas condições de vida e do meio ambiente: uma alimentação excessivamente abundante provoca um superaquecimento das máquinas celulares; se ela for excessivamente rica, perigosas gorduras serão postas de reserva e poderão ser reutilizadas, sobretudo pelas células cancerosas, para se dividirem. Isso acontece ainda mais em um corpo cujas defesas imunológicas estejam enfraquecidas, e nos quais é, portanto, maior o risco de surgirem doenças degenerativas... O envelhecimento, tal como o vemos hoje, é, assim, a convergência de todos esses fenômenos: uma desordem crescente no mundo celular, como uma crepitação parasitária em um circuito elétrico, um "ruído de fundo" que suplanta os sinais precisos da vida.

— *Um ruído de fundo inevitável, já que não podemos viver sem oxigênio. Estamos, portanto, condenados a nos oxidar, a enferrujar. E a envelhecer...*

— Sem dúvida, mas é este exatamente o desafio dessa nova revolução: nós podemos, pelo menos, atuar sobre os fatores agravantes e diminuir os riscos. Há riscos que são escolhidos: expor-se demasiado ao sol, fumar, beber café em demasia, álcool em demasia, consumir drogas, comer muita gordura.... E são ainda mais sérios porque muitas vezes somamos esses diversos comportamentos. E há os riscos involuntários: uma exposição prolongada a radiações mais fracas, a poluentes. A poluição do ar pelo óxido de azoto e o amianto, a poeira das casas, a cola dos tapetes e dos carpetes, os produtos de limpeza, tudo isso desorganiza os metabolismos de nosso corpo. E nem temos muita consciência disso. Precisaríamos eliminar determinados produtos, o que não é tão simples: substituir o chumbo da gasolina pela benzina ou outros produtos mais voláteis pode ser igualmente perigoso. É preciso pesar os prós e os contras, e não tomar decisões unilaterais por meras razões ecológicas, pois, em um meio ambiente interdependente, isso pode, por fim, criar um desequilíbrio ainda maior que o que se supunha poder eliminar.

— *Não é nada simples, realmente... E nós não paramos de inventar novos poluentes.*

— As indústrias ainda precisam fazer esforços sérios. Ao se examinar, no ano passado, o sangue de 47 voluntários pertencentes a 17 países (dos quais 39 representantes europeus),[15] nele foram encontrados elementos indestrutíveis: cloro, dioxina, mercúrio, provenientes de pesticidas organoclorados, policlorobifenóis, ftalatos, compostos perfluorados, retardadores de chama bromados, produtos que a indústria utiliza nas placas-mães dos computadores, por exemplo, para fazê-las durar mais tempo (e que respiramos quando o *cooler* de nosso computador está funcionando), ou que foram acrescentadas à matéria dos tecidos para torná-los não inflamáveis... Atualmente, somente 10% dos produtos novos e químicos lançados no meio ambiente são testados para verificar sua inocuidade a longo prazo. Os cientistas assinaram solenemente um manifesto[16] exigindo que as indústrias assumam sua responsabilidade. Além disso, há ainda os raios cósmicos que nos atravessam e provocam, por sua vez, mutações. Estamos, portanto, submetidos permanentemente a agressões que o corpo corrige, mas nem sempre consegue fazê-lo de forma suficiente.

— *Os medicamentos podem, também, acentuar o envelhecimento?*

— Podem. O aumento da assistência hospitalar e a ajuda médica a pessoas idosas não vêm crescendo na mesma proporção que a expectativa de vida. As pessoas de idade têm tendência a tomar inúmeros medicamentos, contra a hipertensão, o colesterol, o estresse, aos quais ainda acrescentam soníferos. Como suas defesas imunológicas estão mais baixas, a interação dos medicamentos pode constituir efeitos iatrogênicos: o que acreditamos que vai nos curar pode acabar nos tornando ainda mais doentes.

Daqui a pouco, 140 anos!

— *No entanto, você diz que temos boas razões para ser otimistas, porque, apesar de tudo, a duração de nossa vida está aumentando e estamos vivendo cada vez melhor.*

— Os progressos da medicina, a luta contra as doenças infecciosas, a diminuição das doenças infantis, a redução de certos venenos que sabemos que abreviam a vida, a diminuição do consumo do fumo e do álcool... Tudo isso conduz ao que os demógrafos chamam de curvas demográficas quadráticas: todos morrem, de certo modo, mais ou menos com a mesma idade e cada vez menos prematuramente. Os avanços da genética e da biologia molecular vão criar um novo impulso adiante. O desafio não é mais apenas o de uma maior longevidade, mas o de *viver bem* essa idade suplementar. Acredita-se que a duração normal de um ser humano é de 120 a 140 anos.

— *Cento e vinte a 140 anos! Isso é uma ótima notícia para terminar o primeiro capítulo.*

— Alguns pesquisadores julgam que poderíamos ir ainda mais longe. O mais extremado de todos é, sem dúvida alguma, o inglês Aubrey de Grey, da Universidade de Cambridge,[17] personagem controvertido, mas que goza, no entanto, de grande respeito entre os melhores especialistas da área. Vindo do mundo dos engenheiros e não dos biólogos, ele acha que estes últimos gastaram tempo demais levantando questões teóricas. Para ele, um dos direitos inalienáveis do homem é sua liberdade de escolher viver o tempo que desejar. Etapa por etapa, a vida humana poderia ser, segundo ele, prolongada indefinidamente. Ele propõe, por exemplo, regenerar as células que não se renovam graças a células embrionárias regularmente transfundidas, eliminar as células indesejáveis (células de gordura ou células envelhecedoras), proteger os 15 genes do DNA das mitocôndrias colocando-os no núcleo das células... Todas essas propostas são especulações e, como bem sabemos, há todo um mundo entre uma idéia e sua realização prática. A natureza tem muitas surpresas guardadas no saco. Mas essas vias audaciosas podem vir a orientar os pesquisadores em direção a novas pistas.

— *Então há pelo menos grandes possibilidades de que as próximas gerações ultrapassem, em massa, a marca dos 100 anos.*

— Sim. A célebre Jeanne Calment viveu até os 122 anos (1875-1997). Uma menina que nasça hoje na França tem, pelo menos, uma chance em duas de vir a ser centenária. Graças aos progressos da medicina e da profilaxia, já ganhamos 30 anos de duração de vida em um século (10 meses, pelo menos, no decurso dos dois últimos anos). Hoje em dia, 90% das mulheres atingem os 80 anos. Em 2004, a expectativa de vida era de 76,7 anos para os homens e 83,8 anos para as mulheres, ou seja, uma média de 80 anos para os dois sexos. Um recorde jamais atingido antes na França. Porém, apesar disso, ainda morremos "prematuramente".

Nós poderíamos prolongar ainda em cerca de 30 anos a duração de vida da maior parte das pessoas, e, o que é mais importante, vivendo em boa forma esses anos suplementares. Não podemos agir realmente sobre nossa herança genética nem sobre o meio ambiente em que vivemos. Em compensação, podemos controlar nosso modo de viver, nossa alimentação, os cuidados com nosso corpo, nosso sono, nossa resistência ao estresse. O desafio de hoje não é ter acesso à imortalidade, e sim o de conseguir uma longevidade bem-sucedida.

CAPÍTULO 2

Primeiras receitas de longevidade

Viver melhor e por mais tempo é possível desde já! À luz das mais recentes descobertas, um pequeno guia, acessível a todos, para um modo de vida mais esclarecido, oferece as melhores garantias de longevidade. E dando ao prazer um lugar de destaque...

Econômicos e bionômicos

— *Graças a essas descobertas de que acabamos de falar, hoje compreendemos melhor os mecanismos que desencadeiam o envelhecimento. E já podemos daí extrair toda uma série de ensinamentos. É, portanto, possível agir sobre o nosso corpo para permitir que ele viva mais tempo e, ainda por cima, em boa forma.*

— É preciso repetir mais uma uma vez: o envelhecimento prematuro não é uma "doença" inevitável, mesmo que o processo como um todo seja irreversível. Mas é possível, sim, viver bem a última fase da vida, ter uma longevidade feliz. Prolongar a duração da velhice ou prolongar a da juventude não é, em absoluto, a mesma coisa: é muito mais positivo alongar a duração da juventude. Envelhecer "jovem", de certa forma. É evidente que não poderemos nunca dominar totalmente os fenômenos biológicos que sobrevêm com a idade, pois há um número demasiado grande de parâmetros em jogo. A revolução científica desses últimos 20 anos nos fornece, no entanto, regras racionais de "gestão" de nosso corpo, como se diz em relação a uma empresa. Os anglo-saxões usam a expresão *successful ageing* (envelhecimento bem-sucedido). Mas, de minha parte, prefiro o termo "bionomia".

— *Você adora inventar neologismos. O que significa isso?*

— A economia (a gestão da casa: do grego *oikos*, casa, e *nomos*, regra) tem como correspondente a ecologia (a ciência da casa, de *oikos*, casa, e *logos*, ciência). São duas faces da mesma moeda. A bionomia (gestão da vida) corresponderia, do mesmo modo, à biologia (a ciência da vida). Trata-se de aprender a gerenciar bem o próprio corpo. Aliás, a palavra *management*, em inglês, vem do francês arcaico "*ménager*", que ainda é usado no Québec, com o sentido de organizar o orçamento doméstico, isto é, do "*ménage*". A palavra derivada foi *manager*, mas também "*menagère*" [no feminino], que, aliás, é significativa no sentido da divisão dos papéis sociais entre os dois sexos. *Ménager, aménager, se ménager, se manager, s'aménager* (como um território), "se economizar"*... A bionomia provém da mesma lógica: a de uma boa gestão de nosso organismo. Podemos até mesmo usar igualmente painéis de controle, indicadores, objetivos e estabelecer o *management* de nosso corpo em bases racionais.

— *Painéis de controle, indicadores, objetivos... Nós somos, talvez, organismos, mas, apesar disso, não somos empresas.*

---

* Os verbos citados em francês têm diversas traduções em português e, fora de contexto, pode-se apenas sugerir algumas: *ménager*, arrumar ou economizar; *aménager*, instalar, organizar, *se ménager*, cuidar-se, poupar-se; *se manager*, administrar-se; *s'aménager*, gerir-se. (N.E.)

— Longe de mim tal idéia! O homem é um animal insensato, como disse Edgar Morin, e isso é também uma qualidade: nós nos realizamos também na emoção, na sensibilidade, na exuberância, na loucura, na festa e, às vezes, é preciso saber se desregular, sair dos limites e cometer excessos. O que não nos impede de, a longo prazo, respeitar uma regra de vida equilibrada e garantir uma gestão regular do próprio corpo. É na juventude que acumulamos o capital saúde que nos permitirá ter uma vida longa ou, pelo menos, aumentar nossa qualidade de vida quando formos mais velhos.

— *Se você disser a um adolescente que ele deve desde já ir pensando em sua longevidade, você se arrisca a ouvir respostas sarcásticas.*

— É claro, a idéia de bionomia é dificilmente admitida pelos mais jovens. Aos 20 anos, temos a vida inteira diante de nós, julgamo-nos eternos, e não conseguimos pensar em um futuro tão longínquo. Não importa! Isso poderia fazer parte da educação. As crianças são incentivadas a ser *econômicas*, a não desperdiçar seu dinheirinho. Por que não ensiná-las também a ser *bionômicas*, a controlar melhor o próprio corpo? Basta seguir uma série de princípios bastante simples nas diferentes atividades da vida: nossa forma física, nosso sono, nossa relação com os outros, nossa resistência ao estresse e, em primeiro lugar, certamente, nossa alimentação. Segundo estatísticas recentes,[18] o nível de educação das mulheres parece estar ligado ao aumento da expectativa de vida nos países desenvolvidos: mães mais bem informadas transmitem naturalmente a seus filhos saberes, uma disciplina, princípios de higiene e de nutrição, um uso moderado dos "venenos" familiares... Seria, portanto, importante investir tanto de um lado, na educação dos jovens, quanto do outro, nos cuidados médicos para as pessoas idosas.

Vivam as maçãs!

— Mas você tem que concordar com uma coisa: em matéria de alimentação, ninguém entende mais nada! Nós recebemos uma enxurrada de conselhos dos nutricionistas, de regimes milagrosos que mudam a cada estação, de especialistas de todas as procedências que não param de entrar em contradição, ou seja, acabamos não sabendo mais o que é bom para nós!

— É verdade. Houve um tempo em que se dizia que os açúcares lentos (massas, pizza, pão) eram bons para a saúde, e hoje se afirma que eles fazem crescer a produção de insulina e dinamizam a máquina celular, acelerando, portanto, o envelhecimento... Os ovos foram acusados de aumentar a taxa de colesterol, mas este seria, na realidade, um "bom" colesterol. Realmente, dá para se perder! Porém, há um alicerce básico, feito de princípios simples que podemos sintetizar em uma frase: *é preciso comer menos, diminuir as gorduras e consumir mais legumes e mais frutas.* E fazer um esforço no sentido de respeitar essa regra a longo prazo, mesmo que nos permitamos, por vezes, algumas infrações. Temos que manter em mente uma idéia: o corpo é como um filtro, ele absorve todo tipo de substâncias, elimina algumas e retém outras. Buscar o equilíbrio alimentar é, portanto, gerenciar da melhor maneira possível as entradas, para que o organismo funcione bem, como uma boa máquina, com um bom rendimento, sem acumular produtos parasitários.

— *Primeira regra: então é preciso não sobrecarregá-lo, não entupi-lo de calorias inúteis. Logo, comer menos?*

— Há bastante tempo sabemos que as ratazanas, os camundongos, os cães e os macacos que têm sua ingestão de calorias reduzida de 20 a 40% passam por uma transformação: vivem mais tempo, são mais delgados, mais combativos, têm melhor forma e adoecem menos. É também o caso da mosca, do verme e do cogumelo unicelular.

— *Pode-se tirar essa mesma conclusão em relação ao* Homo sapiens*?*

— É indiscutível que uma alimentação com menos calorias é um fator de longevidade. Os que fazem refeições abundantes diariamente absorvem até 3.500 ou até mesmo 4.000 calorias. É realmente excessivo. Alimentar-se moderadamente é absorver cerca de 2.200 calorias por dia. Pode-se facilmente descer até 1.900: no café-da-manhã, um iogurte, uma laranja, uma fatia de pão com geléia, um chá; no almoço, uma salada, um peito de frango, uma fruta; no jantar, uma sopa, massas com molho de tomate, uma fruta... A título de comparação, um americano consome, em média, 2.500 calorias por dia, um francês consome 2.300 e um japonês, 1.800. Mas nem por isso devemos cair no integrismo. Muitas pessoas tentam reduzir sua ingestão de calorias, mas, como disse de maneira bem-humorada a cientista Cynthia Kenyon, elas correm risco de morrer de tédio. Porém, é possível adotar um comportamento alimentar sem por isso tornar a própria vida triste.

Comendo em cores

— *Legumes e frutas em quantidade é a prioridade das prioridades, não é?*

— Sim. É preciso comer dois ou três legumes diferentes por dia (espinafre, brócolis, vagens, ervilhas, saladas), se possível naturais (a fim de evitar os conservantes e o açúcar), e de preferência cozidos no vapor. Deveríamos consumir também três ou quatro frutas diferentes ao longo do dia: por exemplo, uma laranja de manhã, uma pêra ou uma banana no almoço, morangos, framboesas ou uvas no jantar. As maçãs contêm pectinas que são esponjas para o colesterol. Como dizem os ingleses, *an apple a day keeps the doctor away* (uma maçã por dia mantém o médico a distância). As pêras, as laranjas, as uvas contêm, por sua vez, flavonóides, que são antioxidantes poderosos... Uma regra de ouro é comer colorido.

— *Comer colorido... Mas, por quê?*

— Porque as frutas e os legumes vermelhos, amarelos, alaranjados, roxos ou vermelho-escuro contêm exatamente esses flavonóides. A cor serve para atrair os insetos (que desempenham um papel na fecundação das plantas); mas ela é também sinal da presença de antioxidantes poderosos. Um outro exemplo: o cúrcuma, o colorante amarelo do açafrão e do *curry*, teria um efeito preventivo contra o mal de Alzheimer (ele age diretamente no gene que controla a produção da proteína betaamilóide, que está na base dessa terrível doença). Os indianos, cujo prato nacional é o *curry*, têm, aliás, uma das menores taxas do mundo de mal de Alzheimer (um oitavo do total de pessoas afetadas nos países desenvolvidos).

— *E as frutas secas?*

— É bom também aumentar o consumo de frutas secas, ricas em fibras alimentares e em minerais, pelo menos para aqueles que não têm problemas de excesso de peso (pois elas são muito calóricas). O que antigamente chamávamos de um *mendiant*, uma mistura de amêndoas, uvas, avelãs, tâmaras ou figos, é ideal quando um esforço maior é exigido. Um dos pratos mais equilibrados para o café-da-manhã é o *muesli*, a tradicional mistura suíça de frutas secas, nozes, avelãs, passas, cevada e aveia.

...e um bom copo de vinho

— *Reduzir as gorduras animais é também uma necessidade.*

— Sim. Sobretudo as gorduras sólidas na temperatura ambiente: a manteiga (mas é preciso comer um pouco, de vez em quando, pela vitamina A que ela contém), a gordura do presunto, o *bacon*, o patê, o *foie gras* (patê de fígado), os sorvetes, os doces. Quanto aos corpos gordurosos líquidos, é preciso favorecer as gorduras consideradas "insaturadas", que são melhores devido a sua estrutura molecular (as cadeias de lipídios são os principais elementos das membranas de nossas células: as cadeias "saturadas" se enfileiram umas contra as outras, em fileiras cerradas, ao passo que as "insaturadas" são em cotovelo, o que deixa mais espaço entre elas e favorece as trocas da célula com o exterior, deixando passar mais constituintes essenciais). São o azeite, o óleo de canola, os óleos de borragem (planta rica em ácidos graxos insaturados), os óleos de peixe Ômega 3, o de peixes pequenos (os peixes grandes, como o salmão, se encontram no pico da cadeia alimentar, concentram os produtos tóxicos e os metais pesados).

— *E as bebidas?*

— É preferível beber água a refrigerantes, bebidas açucaradas ou alcoólicas: ingerir um litro e meio a dois litros de água por dia permite a eliminação mais rápida dos produtos tóxicos que temos no sangue, faz funcionar a bexiga e o rim. É uma espécie de faxina. Um pouco de bom vinho, que contém o resveratrol, é também excelente.

— *Mais uma vez, a velha sabedoria popular: um copinho de vinho é bom para a saúde e faz viver até bem velhinho.*

— Contanto que seja vinho tinto, com tanino, como, por exemplo, o *bordeaux*. Mas é preciso ingerir pouco álcool e pouco café, cuja influência nefasta conhecemos. Um estudo de nutricionistas demonstrou que os adventistas do sétimo dia, uma seita religiosa americana que baniu o álcool, o tabaco e o café, vivem, em média, nove anos mais que os outros americanos. Acabamos também de descobrir que o suco de romã, ou "fruto dos deuses", bebida utilizada há milênios no Irã, reduz sensivelmente a hipertensão (agindo diretamente sobre a enzima de conversão que transforma a angiotensina I em angiotensina II, uma das principais causas da hipertensão arterial).

Pequenos venenos permitidos

— *Limitar os açúcares é também algo evidente.*

— O açúcar puro (a sacarose extraída da cana-de-açúcar e da beterraba) tem uma ação rápida, que estimula o corpo a produzir insulina e a mantê-la em reserva (sob a forma de glucogênio) para voltar a utilizá-la quando o organismo estiver precisando de energia. Mas se desregularmos essa bomba de insulina consumindo excessivamente açúcar puro, aceleramos o metabolismo, o que aumenta a oxidação do corpo e faz "queimar" ainda mais gorduras e açúcares... É preferível, portanto, pôr mel em seu iogurte: ele é o resíduo do açúcar que não se cristalizou e que contém muitos sais minerais. E, pelo menos, fósforo, magnésio e ferro serão também absorvidos.

— *O que devemos pensar dos açúcares chamados de "lentos", isto é, das massas, das batatas, do pão, das pizzas?*

— Eles se libertam mais lentamente no corpo e não provocam uma superprodução de insulina. Portanto, são aconselháveis. Alguns especialistas, porém, acreditam que um excesso de açúcar lento (muito pão, muita massa) pode igualmente superaquecer a máquina de insulina e com isso acelerar os metabolismos que levam a um envelhecimento rápido das células... Uma conclusão sensata: reduzir os pratos de massa e de arroz e acrescentar muitos legumes. E é melhor consumir massas e arroz com complementos.

— *E, imagino, não abusar da carne?*

— As carnes vermelhas, como o bife e as costeletas de boi, contêm gorduras nocivas. São preferíveis as aves e o cordeiro, que as têm em menor grau. E, evidentemente, o peixe, que possui, a mais, os óleos Ômega 3. E é melhor consumir frango não industrializado e peixes do mar em vez de peixes criados em cativeiro.

— *Será que temos direito a alguma coisa doce?*

— Podemos deixar-nos levar pelos pequenos venenos familiares: o chocolate preto, por exemplo, com 70% de cacau. Ele contém elementos nutritivos, como o magnésio, estimuladores do sistema nervoso (como a teobromina), a cafeína, pequenas quantidades de serotonina (que compensa a perda dessa molécula no cérebro e por isso traz efeitos antidepressivos). O cacau contém igualmente polifenóis, como a catequina (um dos principais componentes do chá), que tem um papel antioxidante, a feniletilamina, que imita o hormônio que produzimos quando estamos apaixonados e estimula a produção de endorfinas, os opiáceos naturais do cérebro. O chocolate preto contém até anandamidas, moléculas que se assemelham ao THC (que é um dos componentes da maconha) e que se fixam nos mesmos receptores do cérebro que a *cannabis*.

— *Então o chocolate preto é uma verdadeira droga!*

— Uma droga mansa.... Absorvido sem excesso, ele poderia ser considerado um alimento complementar. Aliás, tempos atrás, a fava do cacau era utilizada pelos incas e pelas populações da América do Sul para dar força e coragem. E, por fim, um copinho de álcool depois do jantar, por que não? Se isso lhe der prazer...

Pratos "complementados"

— *Tudo isso faz lembrar certas práticas alimentares tradicionais que dizem ser fonte de longevidade, como, por exemplo, a alimentação cretense.*

— Há, realmente, uma verdadeira convergência entre as práticas tradicionais e os progressos científicos. A alimentação cretense, à base de azeite de oliva, de peixes, de queijos de cabra, de frutas e legumes, de frutas secas, cabe exatamente no quadro que acabamos de descrever. É um regime ideal. A biologia retorna, assim, a um princípio ancestral: o da "complementação", ou seja, da associação de dois alimentos que se completam.

— *Por exemplo?*

— Nosso corpo tem absoluta necessidade de 20 aminoácidos, sem exceção, para fabricar o leque de proteínas necessárias a seu metabolismo. Isso é essencial: se faltar um só desses aminoácidos (é o que nós chamamos de um fator limitante), o organismo se depaupera. (É o mesmo que acontece quando são fabricadas bandeiras tricolores com faixas de cor: 10 azuis, 10 brancas e 10 vermelhas possibilitam fazer 10 bandeiras; mas com 10 azuis, 10 brancas e *apenas* duas vermelhas, fator limitante, não teremos mais que duas bandeiras.) Ora, oito dos 20 aminoácidos, como a lisina e a metionina, não podem ser fabricados pelo organismo e têm que ser trazidos de fora. Se nos alimentarmos exclusivamente de arroz, vamos ficar com deficiência de lisina. Se comermos somente grão-de-bico, a deficiência será de metionina. Podemos constatar graves carências nas crianças africanas, cuja alimentação se reduz à mandioca (que não contém todos os aminoácidos). Os povos tradicionais sabiam disso intuitivamente: eles consumiam ervilhas, grão-de-bico, favas, ou soja (ricas em lisina) *com* arroz ou farinha (ricos em metionina). Casar o arroz e as lentilhas é algo que permite fabricar proteínas equivalentes às da carne (que contém todos os aminoácidos).

— *Então podemos deixar de lado a carne desde que saibamos associar outros alimentos, legumes, leguminosas, cereais, em um mesmo prato. É isso?*

— Exatamente. É a complementação. Consumindo, por exemplo, separadamente, duas xícaras de milho e uma meia xícara de feijão, podemos obter o equivalente protéico de um bife de 100 gramas. Mas, se os comermos ao mesmo tempo, a complementação leva a um equivalente protéico de um bife de 143 gramas, ou seja, cerca de 50% mais. Será um acaso o fato de todos os pratos tradicionais respeitarem essa regra? Na África do Norte, o cuscuz é uma associação de farinha de arroz e grão-de-bico. Na Índia, consome-se o arroz com lentilhas. Na Rússia, a cevada com trigo sarraceno. Na China, a soja com arroz. No México, feijão-vermelho com milho... São todos complementações lisina-metionina. Em outros países são feitas misturas com alimentos de origem animal: o *porridge* dos ingleses (aveia e leite), os espaguetes com queijo na Itália... Com uma alimentação vegetariana bem complementada, os povos tradicionais se mantinham com boa saúde, fabricavam proteínas boas para seu corpo e seu cérebro e ainda praticavam uma economia inteligente utilizando a renda de sua fazenda e não seu capital: eles guardavam as galinhas para dar ovos, as vacas para o leite, os bois para puxar o arado. Reservavam o porco ou o carneiro para as festas. Hoje a bioquímica reencontrou esses princípios básicos tradicionais.

O consenso alimentar

— *Ao contrário do que dizem as aparências e os efeitos da moda, existe, então, de fato, um alicerce básico de princípios simples que é, de certo modo, um consenso alimentar.*

— Existe. De uns 10 anos para cá, as descobertas científicas confirmaram tudo isso, mostrando como produtos naturais intervêm no metabolismo de nosso corpo, inclusive no nível genético. O consenso alimentar, como você disse, é simples: ele cabe em uma página, que você pode afixar em sua geladeira.

— *Eu resumo: pouca carne, pouco açúcar, pouca gordura, de preferência ave ou peixe, muitas frutas e muitos legumes, pratos que apresentem uma variedade de alimentos, um bom copo de vinho e, de vez em quando, uma barra de chocolate e um copo de bebida alcoólica... Nao é, de forma alguma, o regime de um asceta. E nem nos impede de matar um porco ou um carneiro para fazer uma festa.*

— É uma regra permanente, a ser respeitada de forma duradoura, mas não nos impede de fazer uma festança de quando em quando. Podemos perfeitamente conciliar as delícias de que acabamos de falar com a gastronomia. Em 1979, em um livro intitulado *La malbouffe* [Comendo mal], minha mulher, inspiradora da idéia, e eu explicávamos de maneira simples como se alimentar para viver melhor, e sem privações. Nós dizíamos o seguinte: prevenção não é privação. Cabe lembrar que *dieta*, em grego, a palavra da qual vem o adjetivo "dietético", significa "arte de viver". É preciso, portanto, fugir, se possível, da comida que faz mal: tudo que é excessivamente gorduroso, excessivamente salgado, ou açucarado, ou demasiado abundante e demasiado freqüente, como nessa alimentação industrial que ameaça de obesidade todos os habitantes dos países desenvolvidos, tanto os mais jovens quanto os mais idosos. Ainda mais porque, por se sentirem estressados, eles comem qualquer coisa, não fazem o mínimo de exercício, e ainda ficam horas ruminando diante da televisão... Estamos assistindo, no momento, a uma verdadeira epidemia de obesidade: ela já atinge mais de 30% dos americanos. E a Europa está começando a se aproximar dos Estados Unidos: 3 milhões de crianças obesas e 14 milhões com excesso de peso, ou seja, 400.000 crianças a mais, a cada ano que passa.[19]

— *Mas, de alguns anos para cá, seguindo a trilha dos americanos, estamos adquirindo o hábito de acrescentar suplementos à nossa alimentação, vitaminas, oligo-elementos.*

— Sejamos claros: se seguirmos os princípios fundamentais que acabamos de citar, não teremos necessidade de suplementos vitamínicos (a não ser que sejamos estritamente vegetarianos). Esses incríveis coquetéis de vitaminas, de oligo-elementos, de hormônios de crescimento, Ômega 3, betacaroteno, selênio e sei-lá-mais-o-quê, muitas vezes vão longe demais. Ainda são mal conhecidas as sinergias entre esses diferentes produtos. Um estudo realizado na França, por exemplo, comprovou que a ingestão regular de vitaminas E, C e selênio podia reduzir determinadas doenças cardiovasculares ou a catarata. Mas outros cientistas afirmam, por outro lado, que um excesso de tais produtos pode ter efeitos negativos e provocar câncer: o excesso de antioxidantes no corpo diminuiria o número de radicais livres necessários para matar as células cancerosas. Na dúvida, é melhor se abster! Não sair tomando um suplemento qualquer e, sobretudo, não fazê-lo de maneira sistemática. Engolir 400 unidades de vitamina E e um grama de vitamina C por dia é algo que não tem sentido! Tudo depende dos indivíduos. Seria, pois, necessário realizar previamente exames muito precisos para avaliar o estado de oxidação do próprio corpo, como propõe Luc Montagnier, e saber de que estamos realmente precisando. Vamos falar no capítulo seguinte dos testes que estão sendo desenvolvidos.

O sono, um tempo ganho

— *Para uma boa gestão do próprio corpo, visando à longevidade, não é só a alimentação que conta, como você disse. Pode-se também controlar o sono e torná-lo mais eficaz?*

— Vamos confessar uma coisa: não se sabe ainda muito bem para que serve o sono. É uma reprogramação dos neurônios? Um período necessário para reconectar as sinapses, apagar do cérebro os arquivos antigos, limpar a memória? Uma espécie de renovação que exige ficarmos por algumas horas fora de nós? É possível, mas não sabemos nada. Digamos apenas que o sono permite que o cérebro se recupere e combata o estresse ou que, pelo menos, ele está ligado à desaceleração do envelhecimento: todas as pessoas centenárias costumam dormir bem. Em compensação, o que sabemos é que temos necessidade de um sono regular, não obrigatoriamente longo, mas com um número fixo de horas e induzido por meios naturais.

— *Ah, isso é fácil de dizer, mas há um bocado de gente que não está contente com seu sono.*

— Muitas pessoas têm insônia porque absorveram substâncias que não favorecem o sono, ou porque estão estressadas. É preciso evitar entrar no ciclo dos soníferos, se conseguirem. Se permanecermos muito ativos até o momento mesmo de dormir, se fizermos uma refeição muito farta, se comermos carne demais ou bebermos muito vinho, não conseguiremos adormecer. O mesmo acontece quando mudamos de hábitos, quando dormimos em um hotel, por exemplo, ou quando temos que acordar muito cedo na manhã seguinte para pegar um avião.

— *Mas, se não adormecermos...*

— Se não adormecermos, é melhor não ficar teimando por mais de 20 minutos: é preferível se levantar, ir ler, ou ver televisão. O mesmo acontece quando despertamos no meio da noite, às vezes devido a cãibras leves nas pernas, que são chamadas de "formigamentos" (10 a 15% da população com mais de 50 anos sofrem disso). Então nos levantamos, fazemos uma ligeira massagem nas pernas, caminhamos, vamos tomar um copo de leite ou comer uma banana (elas contêm magnésio). Mas, acima de tudo, é bom esconder o relógio, não ficar olhando a hora, para evitar ficar se culpando, o que só pode agravar a insônia. Pior ainda quando só conseguimos dormir quatro horas. Mas podemos recuperar nas noites seguintes! Dormir mal uma vez não é algo grave quando não sabemos quanto tempo realmente dormimos. Temos sempre menos necessidade de sono do que acreditamos. Dormir demais é sinal de depressão. Oito horas é a média, mas certas pessoas se satisfazem perfeitamente com menos. O ideal seria calcular seu despertar em função de ciclos de uma hora e meia. E deixar-se despertar com a luz do dia ou com um acordar luminoso e progressivo que imite o despontar do sol.

— *Em suma, encarar o sono com certa despreocupação.*

— Mas com a condição de serem respeitadas certas regras: uma hora ou duas antes de ir se deitar, parar de trabalhar, não comer ou beber excitantes como vinho, álcool, café, nem fazer exercício. E praticar um ritual: tomar bebidas que ajudam a adormecer, leite quente com mel ou um chá de ervas e flores. As condições da cama desempenham um papel importante. Alguns casais dormem como duas colheres arrumadas em uma caixa, embolados um contra o outro... Na realidade, são pessoas angustiadas com o sono, talvez porque ele se assemelha à morte. Outras têm medo de perder tempo dormindo, o que é um erro: dormir ilumina o cérebro, traz idéias (no período ideal da manhã, entre 4 e 7 horas, o cérebro fica muito ativo). E, de certa maneira, nos faz ganhar tempo. Precisamos gostar, de fato, do nosso sono, pois ele é bom para todos nós.

Quando o sangue sobe à cabeça

— *Fazer exercício é também um fator de longevidade?*

— Com certeza. O exercício fabrica naturalmente o hormônio de crescimento (em todas as idades) que retarda o envelhecimento. Ele aumenta a vascularização dos músculos e contribui para a transformação das gorduras e açúcares em elementos úteis para o corpo, o que evita que eles fiquem de reserva, na obesidade. É, portanto, um fator de longevidade praticar regularmente um exercício, como a caminhada, a bicicleta, a natação, o *jogging* lento (com calçados adequados!), a ginástica em academias, a ioga, o pilates. Esses esportes têm também um outro interesse: criam uma rotina e são hipnóticos. Eles nos põem em estado propício à meditação e com isso reduzem o estresse. Mas é preciso atenção em relação aos esportes radicais, como o esqui, o *snowboard* ou o surfe, que são descontínuos e exigem grande intensidade muscular e cardíaca durante um tempo muito breve. Ou em relação ao tênis, o rúgbi, o futebol, que são, igualmente, muito estressantes. A musculação é boa para a longevidade. Quando nos vemos levantando um peso, a massa muscular aumenta ao mesmo tempo física e "psicologicamente". Acima de 40 anos, recuperamos rapidamente músculos, mas também os perdemos mais rápido que aos 20 anos.

— O essencial é também lutar contra o estresse que, se estou acompanhando bem seu raciocínio, produz efeitos desastrosos no organismo.

— O estresse não é mau em si. É a garantia de que estamos vigilantes, atentos. Hans Selye, o psicólogo canadense que inventou essa palavra (um conceito que lhe veio à mente quando ele era estudante na Universidade de Praga), afirmou que, sem estresse, nós não conseguiríamos viver. O perigo do estresse são os produtos que ele fabrica e que nosso corpo não consegue eliminar muito bem. Quando ficamos estressados, uma parte de nosso cérebro, o hipotálamo, envia um sinal que leva a aumentar a produção do hormônio cortisol pelas grândulas supra-renais, a fim de que o organismo possa lutar contra as agressões de seu meio ambiente. O cortisol mal eliminado se torna uma espécie de poluente. Se, ao mesmo tempo, absorvemos cafeína, álcool, tabaco, o hipotálamo fica sobrecarregado, e os produtos do estresse começam a se acumular no corpo, o que pode levar a perigosas desregulações metabólicas, como, por exemplo, o enfraquecimento das defesas imunológicas, o despertar de vírus e bactérias que irão induzir doenças degenerativas, como câncer, diabetes, doenças articulares, artrite...

— *A idéia de que o estado psicológico em que nos encontramos tem influência direta sobre nossa saúde e pode provocar câncer não é unanimemente admitida. Pelo menos a medicina não a tem levado suficientemente em conta.*

— Os cancerologistas estão cada vez mais atentos a isso. Eles sabem que um estresse grave pode levar a um distúrbio do metabolismo. É claro que jamais poderemos dizer que isto é a causa daquilo. Mas o estresse é, obviamente, um dado que conta. Nós dissemos, no começo desta nossa conversa, que, até os dias de hoje, a boa medicina clássica analítica havia estudado separadamente os três sistemas — o nervoso, o hormonal e o imunológico. Hoje sabemos que os três estão interligados e que precisamos desenvolver essa ciência híbrida, a psiconeuroimunologia. De vez em quando encontramos expressões habituais de outros tempos que são muito significativas: "Mantive meu sangue-frio", "Ele está sofrendo na pele", "O sangue subiu-lhe à cabeça". Nós temos, pelo menos, um número cada vez maior de indicações que mostram o quanto o estado psicológico produz um efeito de ressonância sobre certos tipos de doenças e acelera o envelhecimento.

O sorriso de Buda

— *Também neste sentido temos a impressão de que somos impotentes, exceto quanto a decidir se vamos ou não tomar tranqüilizantes. Não é culpa nossa se ficamos estressados!*

— É um erro imaginar que somos impotentes diante do estresse. Há inúmeros meios de pôr o cérebro em harmonia com o corpo. O cérebro e o coração, a razão e a emoção funcionam juntos. Respirar de maneira diferente, como fazem os iogues, regulariza os batimentos do coração. Por intermédio do sistema nervoso, isso repõe também o cérebro em equilíbrio, provoca a produção de endorfinas e possibilita eliminar os produtos tóxicos ligados ao estresse, como o cortisol. Muito melhor do que tomar um medicamento, um sonífero, um tranqüilizante ou uma droga qualquer, é possível, usando apenas a vontade, exercer um efeito psicológico sobre o próprio metabolismo.

— *De que maneira?*

— Podemos adquirir o hábito de nos desligarmos de nossas atividades imediatas, nem que seja 10 minutos por dia. Olhar para as árvores de uma floresta, ouvir o canto dos pássaros... Ou seja, afastar-se um pouco para pensar ou refletir consigo mesmo (mas não de forma a nos culpar), recuperar-se. Calcula-se que 10 minutos de meditação ao longo de dois ou três meses fazem a pressão arterial baixar dois pontos. Sem tomar qualquer medicamento! Podemos aprender essa prática pelos livros ou na internet. Fechamos as pálpebras, respiramos profundamente com o alto dos pulmões, depois com o abdômen, como fazem os iogues; desaceleramos os batimentos do coração, concentrando-nos em pontos bem longínquos à nossa frente, depois bem perto, sem pensar em mais nada... Em determinado momento, uma espécie de ondas sopradas pelo vento surge diante de nossos olhos, de certo modo como naquela famosa imagem branca de que falam as pessoas que voltaram de um coma. Todos os músculos do rosto se distendem e nos surpreendemos sorrindo como um Buda. Quando despertamos, estamos um pouco grogues, caminhamos muito lentamente, como se estivéssemos vindo de muito longe... Dez minutos como esses equivalem a inúmeras horas de sono. E é um exercício que qualquer um pode praticar.

Não se aposente nunca!

— Em suma, devemos reencontrar técnicas orientais, que não têm muita boa reputação em nossos países, onde a racionalidade domina.

— Conhecemos a acupuntura, que não cura as doenças infecciosas, mas permite recuperar o sono e lutar contra a dor. Porém, para isso, é preciso recorrer a especialistas. Em compensação, é fácil praticar sozinho a acupressão: exercendo uma simples pressão com o dedo em determinadas partes do corpo durante 30 segundos — sob o tornozelo, por exemplo, ou atrás do joelho —, podemos provocar o sono. Há também alguns pontos da caixa torácica para reduzir as extra-sístoles, isto é, as angustiantes irregularidades do ritmo cardíaco, ou pontos na nuca para atenuar as enxaquecas e as dores cervicais. Certos coquetéis de plantas com *ginseng*, para darem mais tônus, ou a *Crataegus laevigata*, contra as palpitações, têm também igualmente efeitos eficazes. É, portanto, possível combater o estresse de diferentes maneiras.

— *Contudo, certas funções e certas profissões ficam mais vulneráveis. Os desportistas e os dançarinos queimam realmente o corpo; os dirigentes de empresas estão, por sua vez, submetidos a um estresse permanente.*

— Essas pessoas escolheram uma vida hiperativa e o fizeram de forma consciente e informada. É uma escolha a ser respeitada. Outras queimam a vida mais inconscientemente, sem se preocupar com as conseqüências. O que é também uma escolha...

— *Você falou na importância de fazer funcionar o cérebro, de dar-lhe de comer um alimento intelectual. Para viver muito é preciso manter-se ativo e curioso.*

— Isso é essencial. Uma vida monótona, sem curiosidade, sem atividades estimulantes, arrisca a nos levar a uma espécie de embotamento que favorece a degradação de nosso metabolismo. Neste sentido, a palavra "aposentadoria" é inadequada: ninguém deve "se aposentar", que é retirar-se para um "aposento", nem "se afastar" do mundo. Deveríamos falar, mais corretamente, em "transição de vida". Infelizmente, muitas pessoas levam essa palavra ao pé da letra: "Eu já trabalhei demais até os 50 anos", dizem. "Agora" vou parar e fazer só o que eu quiser!" Não!...Nós não fazemos o que queremos, não podemos fazê-lo se não nos tivermos antes preparado para esse período da vida. Quando nos desconectamos de repente da vida ativa e da competição, o corpo não nos acompanha mais. E descobrimos os reumatismos, os cálculos nos rins... Thomas Friedman, editorialista do *New York Times*, passou recentemente por essa fase e comentou os questionamentos dos europeus em relação aos problemas de sua aposentadoria: *"Never retire!"* Não se aposentem nunca! Todos nós podemos manter toda uma série de *hobbies*, de relações, de prazeres. Tudo isso favorece a longevidade.

— *Criar impede de envelhecer?*

— Com certeza! Já ficou comprovado que as pessoas que preservam uma atividade criativa envelhecem menos rápido e melhor que as demais. Os artistas e os cientistas, de Niels Bohr a Linus Pauling, de Picasso a Chagall, tiveram uma duração de vida superior à média. Eles não se "aposentaram" de maneira alguma. Criaram até o fim, enquanto tiveram mãos, olhos e um cérebro. Ao fazer isso, ativavam os neurônios e retardavam processos nefastos. A atividade intelectual e a criação produzem, além das endorfinas que dão o prazer de criar, hormônios de equilíbrio no corpo que possibilitam resistir melhor às grandes doenças e talvez até mesmo ativar certos genes de luta contra o envelhecimento.

Sexo e chocolate

— *Os prazeres não são apenas intelectuais. E quanto à sexualidade? Ela aumenta também a longevidade?*

— Ela faz parte de toda a nossa vida. Depois dos 70 anos não podemos pretender ter uma sexualidade igual à dos 20 anos, mas podemos experimentar relações emocionais, físicas, amorosas que transcendem a idade. Jean-Louis Servan-Schreiber vai nos falar disso. De tudo que vem do prazer secreto das endorfinas, estas recompensas do cérebro: comer chocolate, beber um bom vinho, fazer amor, discutir de maneira apaixonada com amigos, ver um bom filme... O estado de bem-estar, a harmonia consigo mesmo — ou seja, "gostar de ser quem você é" — certamente é algo que contribui para um aumento da longevidade.

— *Para estar em harmonia consigo mesmo é preciso estar bem com os outros.*

— Assim como nosso corpo é uma sociedade de 60 bilhões de células interconectadas, ele é também a célula de um enorme ecossistema, o de nossa família, de nossa sociedade, de nosso planeta. As pessoas idosas que mantêm uma rede de relações em torno delas, tanto para dar quanto para receber, vivem melhor e mais tempo que as outras. O ser humano é um ser gregário, ele precisa dos outros. Se estamos em conflito permanente com a família, se eu não falo mais com minha cunhada, nem dirijo a palavra a meu irmão, isso, mais uma vez, vai manter o estresse, diminuir as defesas imunológicas e fazer entrar no círculo vicioso do envelhecimento.

— *E o rancor é realmente um veneno?*

— Um veneno que nos corrói, como a ferrugem. Corrói as unhas, corrói o sangue. Quando, ao envelhecer, nos tornamos rancorosos, isso pode desencadear doenças. Ser doador, dar provas de generosidade, exerce, ao contrário, um efeito positivo sobre nosso equilíbrio psicológico e também fisiológico. O budismo aconselha a eliminar todas as preocupações menores para se concentrar apenas naquilo que é importante para os outros: dar-se, em vez de se guardar para si. É a busca de uma harmonia entre o espiritual e o corpo. E a ciência vem confirmando esses grandes princípios. Mas não nos enganemos: infelizmente, nem todo mundo tem possibilidade de acesso a esse luxo que é a serenidade.

Os que são desprovidos de tudo, os que não têm teto, os que estão desempregados, os que sofreram traumas graves por razões políticas, econômicas ou sociais... Como poderão eles encontrar felicidade na relação com os outros? É preciso dizer e repetir: o que estamos expondo aqui são princípios fundamentais que estão em consonância com os últimos progressos da ciência. Mas não podemos transformá-los em ideologia, nem em moral, nem mesmo em regras de vida válidas para todos. Nem estamos querendo nos dar como exemplo.

A receita dos centenários

— *Todos esses bons princípios podem ser encontrados no modo de vida das pessoas centenárias, que sabemos serem a cada dia mais numerosas? São elas bionômicas, preocupadas com sua alimentação, com seu sono, com sua vitalidade?*

— Os centenários têm provavelmente um bom patrimônio genético que lhes dá uma resistência natural contra as bactérias e os vírus, tornando-os um terreno menos favorável às doenças degenerativas. Sabemos que um gene (situado no quarto cromossomo) favorece a resistência a certos tipos de afecção. Mas seu modo de vida tem, evidentemente, um papel predominante: inúmeros estudos revelam a existência de comportamentos comuns entre os centenários do mundo inteiro, sobretudo em matéria de alimentação. São todos frugais (menos de 1% deles tem excesso de peso). Na ilha de Okinawa, no Japão, por exemplo, encontramos a maior proporção de centenários do mundo, e são aqueles que respeitam um antigo dito filosófico que aconselha: "Coma apenas 80% de sua fome."

— *"Devemos sair da mesa tendo ainda um pouquinho de fome", dizia minha avó.*

— E ela tinha razão. A restrição calórica, como vimos, ativa determinados genes que colocam o metabolismo das células em modo "econômico", o que faz os tecidos envelhecerem menos rapidamente. Na Sardenha, em Creta, e em certos países da América do Sul encontramos também grande número de pessoas muito idosas e que têm igualmente uma alimentação diferente da de nossos países ocidentais: também mais frugal, menos rica em gorduras, mais rica em laticínios, em legumes, em frutas. Nossos centenários têm ainda um outro ponto em comum: eles se entregam a um exercício regular, tanto da mente quanto do corpo: cultivam um jardim, caminham habitualmente, praticam jogos, fazem sua memória funcionar. Em geral, conservam uma rede de parentes, de amigos, de vizinhos, mantêm uma vida social, e muitas vezes têm animais como companhia.

— *São sábios...*

— Em geral, têm uma natureza serena, têm prazer em contemplar a natureza, praticam uma espécie de contemplação e de meditação, procuram muitas vezes pôr-se em harmonia com seu ambiente, estabelecer seu ritmo com consciência do tempo que está passando. Depois de interrogar várias pessoas idosas de minha família, eu me dei conta de que, quanto mais se aproximavam da morte, mais davam valor ao tempo que lhes restava. Cada minuto ganha maior importância quando se sabe que o fim está próximo. Podemos, então, ver a vida não como uma escada que se desce, de degrau em degrau, até o túmulo, mas, ao contrário, como uma escada que se sobe, cada degrau tendo ainda mais "valor" que os precedentes porque demora menos tempo. O capital vida acumulado gera "dividendos temporais" positivos.

Boas resoluções

— *O que você diz parece com aquelas boas resoluções que tomamos no Ano-Novo e que logo depois esquecemos. Gerenciar seu corpo duradouramente parece ser um objetivo muito ambicioso em nosso mundo tumultuado e frenético. Ou até um tanto utópico.*

— Atualmente, temos tendência a dar primazia ao presente, em detrimento das considerações a longo prazo. Só temos verdadeiramente consciência do futuro quando atingidos por um choque, uma doença, uma crise. Daí a importância da educação na família: é ela que induz a um comportamento alimentar e cria bons hábitos de vida. O que é algo que vem com o tempo: progressivamente, se somos bem informados, podemos nos arriscar menos, sem deixar por isso de ter prazer. Fazer roleta-russa, surfar ondas enormes, fumar, expor-se ao sol são riscos que podemos avaliar. Exercendo nossa liberdade de correr, ou não, tais riscos.

— *Mas nós nada podemos contra os riscos coletivos. De que serve, então, fazer tantos esforços pessoais se a sociedade continua a inventar novas poluições, novas desregulagens? O que a ciência nos oferece de um lado ela toma de volta do outro.*

— As pessoas consideram, em geral, dois tipos de riscos, que julgam de maneira bem diferente: o risco individualmente escolhido (que é controlável) e o risco socialmente imposto (que é inaceitável). Viver nas proximidades de uma usina química, de uma central nuclear ou perto de um fio de alta tensão, usar um telefone celular (cujos efeitos de altas freqüências a longo prazo ainda não são bem conhecidos) são riscos difíceis de controlar individualmente. Em compensação, quando se trata de dirigir em alta velocidade, de fumar ou de se bronzear, cada um acha que vai conseguir se sair melhor que os outros ao evitar os perigos. Não é fácil discernir os verdadeiros riscos dos falsos, as chances reais das chances ínfimas; as informações são complexas e os especialistas nem sempre estão de acordo. É melhor usar o princípio da precaução e agir pelo menos onde nós temos condições de fazê-lo, ou seja, sobre nosso próprio modo de viver. É bom buscar tudo que permita adiar a queda final, não é? Em nossos dias, é grande o número de jovens que se mostram céticos em relação ao futuro, que têm medo das grandes doenças, do aquecimento global, da poluição, da política, da globalização e da ciência — de cuja capacidade de mudar as coisas eles estão duvidando. E com isso atiram-se ao mais imediato, e se resignam. Mas, a partir do momento em que são informados das novas perspectivas e das novas descobertas, como as que acabamos de mencionar, eles se mostram subitamente entusiasmados. E ainda não viram nada! Pois, no que se refere ao futuro da longevidade, ainda não chegamos ao fim de nossas surpresas....

CAPÍTULO 3

Amanhã, eu terei 120 anos!

Pílulas inteligentes, *chips* implantados sob a pele, órgãos que se regeneram... A revolução científica e médica da longevidade está apenas começando. Dentro em breve, viveremos ainda mais tempo, e ainda mais em forma. Com um corpo restaurado, modificado ou transformado?

As pílulas da longevidade

— *Revigorados com os conselhos sensatos que você acaba de dar, não nos parece, afinal, tão difícil viver em bom entendimento com nosso corpo e cuidar dele para que dure o máximo de tempo possível. Ainda mais porque vamos ser ajudados por uma outra revolução, desta vez médica e técnica. Neste sentido, segundo você diz, o futuro se anuncia ainda mais surpreendente do que pensávamos.*

— Realmente. A partir da década de 1950, a medicina fez progressos consideráveis, sobretudo contra as doenças infecciosas. A indústria farmacêutica se desenvolveu, produzindo verdadeiros "*blockbusters*", esses fármacos prescritos a milhões de pessoas para tratamento das doenças cardiovasculares, da hipertensão, do excesso de colesterol, das depressões, dos reumatismos. Mas essas moléculas, que rendem bilhões de dólares, estão cada vez mais sendo criticadas por todos os seus efeitos colaterais, ou por sua ineficiência no caso de certos pacientes. Suas interações provocam também o aparecimento de novas patologias, assim como a hospitalização pode levar a infecções e a doenças nosocomiais. Em suma, os tratamentos estão se revelando, por vezes, contraproducentes. Determinados remédios contra os reumatismos ou contra o colesterol, bem como antidepressivos acusados de criar perturbações psíquicas nos adolescentes, foram, aliás, retirados do mercado. A indústria farmacêutica está em crise e vem experimentando agora novos rumos.

— *E que novos rumos são esses?*

— A indústria farmacêutica está se orientando, em primeiro lugar, para os medicamentos de conforto, para produtos que melhoram a qualidade de vida das pessoas idosas e as ajudam a manter a memória, uma aparência melhor, certa força muscular, uma atividade sexual (o famoso Viagra), ou uma pele bonita (como o retinol, que atenua as rugas). A meu ver, três setores industriais tendem a se aproximar: o da farmácia, o dos cosméticos e o da nutrição. Vamos, assim, assistir ao surgimento, no mercado, de inúmeros "alicamentos" (alimentos medicamentosos) e ao nascimento de uma "cosmocêutica" (a "cosmética farmacêutica"). Nos Estados Unidos, dezenas de *novas empresas começaram a* produzir e comercializar produtos que promovem a longevidade, a partir das recentes descobertas de que falamos acima. Todas com nomes sugestivos: Centagenetix,[20] Juvenon, Advanced Cell Technology, Biomarkers, ChronoGen, Eukarion,[21] GeroTech, Longenity, Rejuvenon... Outras já estão até cotadas na Bolsa, como a Alteon e a Geron. Enfim, certas empresas[22] estão pesquisando os genes da longevidade, estudando sobretudo a genética de pessoas centenárias ou de famílias nas quais os pais e os filhos estão, se assim podemos dizer, "marcados pela longevidade". É provável que grandes empresas farmacêuticas venham a comprar essas novas empresas ou criar, por sua vez, filiais nessas áreas.

— *É, então, um fenômeno comparável ao desenvolvimento da microinformática e da genética.*

— Como no caso das biotecnologias e da informática, essa proliferação de novos empreendimentos é um sinal de que a longevidade será, com certeza, um dos grandes temas da pesquisa aplicada nos próximos anos, e terá um impacto econômico considerável. Além da aproximação de setores industriais, estamos vendo também esboçar-se o casamento de três tecnologias: as da informação, as do ser vivo e as do meio ambiente. Os prefixos "bio", "info" e "eco" vão adquirir uma preponderância ainda maior (nos Estados Unidos fala-se em NBIC para as *nano, bio, info* e *ciências cognitivas*). Podemos imaginar que, em um tempo não muito distante, a casa, o hospital, o escritório estarão recheados de *chips* minúsculos capazes de detectar informações e reagir em resposta. Mas, atenção! Eu não estou dizendo que a tecnologia terá resposta para tudo. Sabemos muito bem o quanto nossa sociedade resiste à introdução de inovações. E, aliás, essas inovações estão sendo, e com razão, objeto de críticas em vários países do mundo devido à precipitação de certas indústrias e da falta de estudos sobre as conseqüências de sua utilização em grande escala. Porém, pelo menos estamos nos orientando no sentido de trazer mais uma ajuda às pessoas idosas para uma vida de bem-estar, e também, o que é a grande revolução, para a prevenção das doenças, que será cada vez mais individualizada. É isso que constitui a segunda grande pista de reconversão da indústria farmacêutica depois dos medicamentos de conforto.

Um painel de saúde

— *O que você chama de uma prevenção individualizada?*

— Em vez de cuidar *a posteriori*, com medicamentos que supostamente funcionam para todo mundo, mas cujos efeitos sobre cada indivíduo não são conhecidos, vamos intervir mais em sentido contrário, preventivamente, antes mesmo do aparecimento de sintomas, levando em conta a maneira de viver e a personalidade de cada um: o exercício, a alimentação, as predisposições genéticas etc.

— *Uma medicina para cada um em vez de uma medicina para todos. Como ela será?*

— Em primeiro lugar, nós mesmos poderemos fazer um balanço simples de nossa saúde com aparelhos de fácil utilização instalados, por exemplo, em nosso banheiro. Atualmente, nele só encontramos dois indicadores básicos: um espelho e uma balança. Mas, em breve, teremos outros mais: um instrumento para aferir a pressão ou uma bateria de exames para avaliar as taxas de colesterol e de uréia, semelhantes ao teste de gravidez que as mulheres já usam com facilidade. Assim como os automóveis dispõem de um painel que indica o nível da gasolina, do óleo, a temperatura do motor, nós, daqui a pouco, teremos um "painel de saúde" à disposição daqueles que o desejarem. Grandes empresas, como a Philips, já estão trabalhando nisso.

— *É divertido. Mas para fazer o que com isso?*

— Isso permitirá refinar os diagnósticos e os tratamentos eventuais. Atualmente, tomamos decisões em função de patamares muito arbitrários porque são os fixados para todo mundo. Abaixo deles, você está bem; acima deles, você está doente. Por exemplo, se você ultrapassar 14 por 9 de pressão, vão lhe prescrever um tratamento à base de betabloqueadores, de diuréticos, ou de IEC.[23] Medicamentos que não estão isentos de efeitos colaterais. O mesmo se dá com o colesterol: acima de 2 gramas por litro de sangue, é preciso fazer tratamento... Esses patamares determinam a composição de medicamentos de massa, que são mais ou menos bem-sucedidos segundo os indivíduos. Ora, certas pessoas convivem bem com sua hipertensão, mesmo estando acima do famoso patamar, porque sua alimentação e seu modo de vida possibilitam isso. Outras, ao contrário, abaixo desse patamar, precisariam ser aconselhadas porque têm uma forma de vida capaz de induzir, dentro de certo prazo, doenças degenerativas. Cada pessoa deveria, igualmente, poder testar o estado de oxidação do próprio corpo ou a presença de "marcadores" biológicos (como a proteína C-reativa), cuja presença no sangue prenuncia, com grande antecedência, um risco crescente de doença cardiovascular, de forma a poder reagir de acordo. Descobrimos recentemente que essa proteína seria um dos marcadores mais confiáveis do envelhecimento. A tal ponto que certos cientistas estão chegando a prescrever antiinflamatórios como produtos de antienvelhecimento.

45% enferrujados

— *Seria, então, possível avaliar se nossas células estão mais, ou menos, enferrujadas, como você disse no capítulo anterior?*

— Vários laboratórios no mundo já realizam testes desse tipo.[24] Podem ser facilmente feitos a partir de uma coleta de sangue ou de uma medição dos gases produzidos no momento da respiração. Obtém-se um balanço do estado de oxidação das principais moléculas do corpo, o que permite estabelecer um barômetro personalizado: "Cuidado! Seu corpo está com excesso de oxidação, você está praticando esportes em excesso. Se continuar assim, você está arriscado a ter, dentro de dois ou três anos, desequilíbrios no metabolismo que podem vir a desencadear um problema cardiovascular." Com um diagnóstico do gênero, pode-se, então, recomendar que você siga tal ou tal regime, que faça natação em vez de corrida a pé, e que evite determinado produto porque você tem uma predisposição genética ao risco. Podem-se também adaptar tratamentos preventivos para evitar que depois surjam doenças graves. Detectam-se, de certo modo, sintomas clínicos. A partir de certa idade, todo mundo deveria fazer um balanço de oxidação e talvez também um teste bacteriológico para identificar os vírus e as bactérias de que é portador, ou até mesmo, em certos casos, um teste genético para determinar as predisposições devidas à herança familiar.

— *A análise de nosso DNA se tornaria, então, um teste comum de prevenção.*

— O advento dos *biochips* pode, efetivamente, torná-la mais generalizada: são pequenas pastilhas nas quais foram enxertadas, por ligações químicas, cadeias de DNA capazes de detectar os genes ativos em certas condições, o que possibilita predizer se determinadas enzimas vão ser fabricadas em excesso ou com falta, e identificar as pessoas suscetíveis de apresentarem, por exemplo, as características específicas de um câncer de próstata ou de um câncer de mama. Até o momento esses testes são ainda pouco numerosos. Mas não há dúvida de que vão se desenvolver. Poderemos, então, adaptar os tratamentos e dosar os medicamentos em função da capacidade das pessoas de metabolizá-los. Daqui a uns 20 anos é provável que estarão sendo oferecidos balanços de saúde preventivos: "Evite tal tipo de alimentos, tal atividade, tal ambiente, e você estará minimizando os riscos de contrair tal doença."

— *É uma medicina "preventiva" que intervém na probabilidade de alguém ser atingido por uma doença sem que ainda tenha apresentado o menor sintoma.*

— Exatamente. É óbvio que ela vai custar caro. E, além disso, é preciso ser prudente: é bom avaliar o risco de estar doente desde que você tenha condições de dispor de uma terapia para, no caso, enfrentar a doença. Saber-se predisposto a contrair uma determinada doença que você não terá como tratar é pior do que ignorá-la. Desnecessário dizer que essa informação preventiva deve ser também totalmente confidencial, mantida em uma ficha médica que cada paciente pode consultar, mas inacessível às empresas ou às companhias de seguro, que poderiam usá-la de forma discriminatória. Imagine um banco que viesse a recusar um empréstimo de longo prazo a uma pessoa a pretexto de que ela está arriscada a vir a ter um câncer de mama devido a seus antecedentes familiares.

Contrato de manutenção

— *Mas, ainda assim, é preciso mudar de mentalidade e aceitar a idéia de se interessar pela própria saúde antes mesmo de ficar doente...*

— Também nisso reencontramos certa sabedoria tradicional. Um dos grandes princípios da medicina chinesa está baseado na prevenção por meio das plantas e no estudo das relações de forças no corpo (o *yin* e o *yang*). Entre nós, ocidentais, o médico poderia vir a tornar-se uma espécie de "conselheiro de vida", o conselheiro de nossa bionomia. A iniciativa de estabelecer um médico de referência na França está, aliás, caminhando nessa direção. A prevenção individualizada é uma abertura possível ao prolongamento da longevidade. Podemos, então, acreditar que passaremos a ter "contratos de manutenção" do corpo com certas empresas farmacêuticas associadas a companhias de seguros.

— *Um contrato de manutenção do próprio corpo? Como no caso de um automóvel?*

— Por que não? Para manter nossa casa já mandamos fazer revisões periódicas nos equipamentos, nos termos de um contrato assinado com uma empresa especializada. Poderíamos proceder de forma análoga com nosso corpo. Empresas especializadas proporiam contratos levando em conta predisposições familares a certo tipo de doenças (câncer de mama, da próstata, alergias, doenças cardiovasculares), e aconselhariam determinado tipo de alimentação para evitar certo tipo de doença, determinado esporte para evitar outro. Assim como os carros mais recentes passaram a ser testados a distância, via internet, pelos especialistas da fábrica, poderíamos efetuar em domicílio um teste biológico a partir do cabelo, de uma gota de sangue ou de uma célula do interior da bochecha, e depois enviar os resultados a um centro clínico. Os serviços de assistência em domicílio, por telefone, garantiriam o acompanhamento. Evidentemente, há riscos nisso. Essa cibermedicina, com diagnósticos permanentes pela internet, pode levar a uma automedicação perigosa, bem como a outros excessos. E há também a questão dos custos, dos reembolsos eventuais pelos planos de saúde, os riscos de desigualdades diante das doenças, sem falar na defasagem que poderia existir entre os países industrializados, em que se generalizaria esse tipo de contratos de manutenção, e os países em desenvolvimento, cujas populações necessitam, mais do que nós, de um cuidado permanente de sua saúde, já que muitas vezes não dispõem de acesso a água potável, ou de uma alimentação equilibrada.

— *Essa "manutenção" do corpo é algo bom para os otimistas e os desbravadores como você. Muitas pessoas não têm a menor vontade de ver o próprio motor. Preferem não saber o que acontece nele, pelo menos enquanto seu corpo estiver funcionando.*

— É verdade. Certas pessoas não hão de querer ser acompanhadas detalhadamente, como uma máquina sofisticada, e eu compreendo isso. No entanto, outras, levando em conta seus antecedentes familiares, poderão preferir essa opção para evitar um envelhecimento prematuro ou doenças às quais elas estão mais expostas. Não digo que isso seja uma panacéia, mas é, pelo menos, um dos caminhos possíveis do futuro. É, aliás, o que está sendo proposto pela IBM Consulting Services à indústria farmacêutica (com seu programa intitulado "Pharma Future", lançado em 2003) e que preconiza medicamentos sob receita médica e um reforço dos serviços personalizados aos pacientes.

Miniórgãos eletrônicos

— A passagem de uma medicina de massa, que dá o mesmo remédio a todos, a uma medicina mais refinada, individualizada e preventiva, vai ser também acompanhada por tecnologias igualmente revolucionárias. O que vai nos oferecer o casamento da biologia e da informática?

— Caminhamos cada vez mais no sentido da implementação de sistemas de controle diretamente em contato com o corpo, ou implantados, capazes de detectar erros do metabolismo e corrigi-los. É o que já fazem aparelhos como o marcapasso, o desfibrilador cardíaco, a bomba de insulina e o dispositivo antiparkinsoniano. Que ainda vão ser aperfeiçoados. Vamos tomar como exemplo o marcapasso: introduzido sob a pele, ele envia impulsos ao coração para fazer com que este tenha batimentos mais regulares. Em vez de induzir sempre a mesma velocidade de batimentos, como antes, os novos aparelhos são hoje mais inteligentes, captam informações no corpo, reconhecem quando a pessoa corre, faz amor, quando tem emoções ao ver um filme e adaptam os batimentos de acordo com isso.

— E no caso de um ataque cardíaco?
— Atualmente, não temos mais do que 10 minutos para salvar alguém que tenha acabado de entrar em fibrilação, isto é, alguém cujo coração esteja falhando em conseqüência de uma desorganização total da atividade elétrica e, portanto, do mecanismo dos

ventrículos. Temos que lhe aplicar uma descarga com os famosos desfibriladores que os serviços de emergência utilizam. Mas agora já existem para isso aparelhos individuais muito práticos, do tamanho de um livro grande, os desfibriladores portáteis, que lhe dão oralmente instruções assim que você os põe em funcionamento: "Abra a camisa, coloque os dois eletrodos de tal maneira etc." O aparelho calcula a intensidade da descarga em função do peso e da altura da pessoa. E estou convencido de que esse tipo de aparelho, que levou muito tempo para ser autorizado, será em breve tão comum quanto os extintores de incêndio.

— *Mas aí vai ser preciso que os tenhamos em casa.*

— Ou *dentro* de nós. Pois, como no caso do marcapasso, podemos implantar no corpo um minidesfibrilador, com cateteres instalados em determinadas artérias, que detectam os sinais característicos de um batimento cardíaco deficiente e enviam, então, a descarga elétrica imediata e adequada. Dick Cheney, o vice-presidente americano, está usando um aparelho desses desde 30 de junho de 2001.

— *Uma pessoa que esteja usando esse equipamento está, porém, sujeita a receber, sem aviso, uma descarga elétrica interna sem saber quando nem onde, até mesmo em plena rua.*

— Mas é uma descarga que vai lhe salvar a vida! A mesma idéia é utilizada na luta contra a doença de Parkinson: um implante inserido no cérebro envia um impulso elétrico preciso e estabiliza os fenômenos que induzem à doença, levando à parada total dos incômodos movimentos e tremores incontroláveis que caracterizam a doença. Cada vez mais estamos dispondo de *chips* minúsculos implantados, de biocaptores e de reservatórios em miniatura, uma espécie de mini-órgãos eletrônicos, capazes de tratar um número crescente de doenças.

Um anjo sob a pele

— *Vamos ficar permanentemente monitorados e assistidos.*

— E você ainda não viu nada! Já existem tecidos inteligentes: uma camiseta, por exemplo, cujas fibras trazem biocaptores capazes de detectar a composição da transpiração, os batimentos cardíacos, a pressão arterial. Graças a um *chip*, a camiseta transmite as informações a um dispositivo que as envia, pela internet, a um centro médico. No caso de um ataque cardíaco, o alerta é imediatamente dado, bem como a posição da pessoa pelo GPS, o que permite dirigir os socorros de maneira mais eficaz. E podemos estar certos de que, nos anos por vir, essa assistência permanente a pessoas com deficiência ou em situação de risco vai se generalizar...

— *Também por meio de implantes?*

— Provavelmente. Em breve teremos *chips* implantáveis sob a pele do tamanho de um grão de arroz, que irão preencher todo um leque de funções e comunicar-se com o exterior por satélite. Originalmente, tais dispositivos tinham sido inventados para servir de balizas: rastrear os animais, os prisioneiros ou os filhos de certas pessoas muito ricas que poderiam assim ter seu rastro seguido em caso de seqüestro. Mas, além de tais derivações, há interessantes, porém inquietantes, utilizações médicas. Que ainda precisam de mais informação e de vigilância.

— *Por exemplo?*

— Uma empresa americana propôs um programa chamado "Digital Angel", anjo digital: trata-se da instalação de um *chip* subcutâneo contendo uma ficha médica miniaturizada. Imagine que você tenha sido atropelado por um carro. O médico da emergência terá acesso imediato a sua ficha ao colocar sobre sua pele um pequeno captador, comparável a uma leitora de código de barras. O que levanta a questão do "rastreamento" dos indivíduos sem seu consentimento. Outros usos (ou derivações) são igualmente possíveis. A título de anedota, conheço um pesquisador inglês que implantou em seu corpo um *chip* desse tipo. Quando ele se instala diante de seu computador ou aparece diante da porta de seu laboratório, envia imediatamente todas as informações sobre sua identidade e seus códigos secretos. Sua mulher pôs, igualmente, um *chip* do mesmo tipo, e ele me contou que, quando ela se aproxima, isso produz nele agradáveis formigamentos...

— *Mas para isso nem sempre precisamos ter um* chip *sob a pele!*

— De minha parte, o olhar natural de uma mulher bonita é suficiente. Mas não se engane, eu também sou muito crítico em relação a essas técnicas demasiado intrusivas ou invasivas. Mas os *chips* implantáveis têm também outros benefícios, pois alguns deles serão realmente ativos no corpo. Os *chips* biocompatíveis, por exemplo (formados de proteínas capazes de fundir-se com o corpo humano), analisarão a presença de certas moléculas em nosso organismo e reagirão no sentido de reparar distúrbios metabólicos, liberando as substâncias boas no momento adequado, sem com isso serem rejeitadas pelas defesas imunológicas. Por exemplo: um *chip* analisa a quantidade de glicose no sangue e, se ela estiver muito elevada, desencadeia a produção de insulina por meio de uma bomba implantada na cavidade abdominal. Trata-se de uma espécie de pâncreas artificial.[25] Outra possibilidade: implantar um minirreservatório contendo células vivas (as células de Langerhans) provenientes do pâncreas e produtoras de insulina (para evitar que sejam atacadas pelo sistema imunológico, o reservatório é furado com buraquinhos minúsculos, chamados "nanoporos", que deixam passar a glicose e a insulina, mas não as grandes moléculas de anticorpos). É um exemplo do que chamamos de "nanomedicina".

— *Também se fala em "pílulas inteligentes"...*

— Sim. Hoje tomamos medicamentos segundo a receita do médico: tal comprimido a cada seis horas, por exemplo. Ora, é preferível para o organismo que o medicamento seja distribuído de maneira regular, em pequenas quantidades e, se possível, no local desejado. É o que farão as pílulas inteligentes,[26] que representam uma grande esperança no tratamento de doenças crônicas da terceira idade e de doenças degenerativas.

Órgãos em cultura

— *Tudo isso tem origem em uma medicina refinada, é o mínimo que podemos dizer. Mas não vai evitar que os órgãos enguicem, envelheçam, e que as doenças se desencadeiem à medida que o corpo enferruja. Aí também vamos agir como no caso dos automóveis, substituindo as partes desgastadas?*

— Já estamos fazendo isso, com transplantes de coração e de rins, mas não sem problemas: há riscos de rejeição do enxerto, de rebaixamento das defesas imunológicas. Mas ainda vamos chegar mais longe no que estamos chamando de "engenharia tissular". Nos próximos 20 anos é provável que possamos, de fato, substituir os órgãos defeituosos, ou melhor, que possamos reconstituí-los. Vamos utilizar para isso células embrionárias, aquelas que, no início do desenvolvimento do embrião, não são ainda especializadas. Hoje já estamos sabendo como cultivá-las em proveta (o que não sabíamos fazer há 10 anos), dando-lhes fatores de crescimento, vitaminas, hormônios e especializando-as de acordo com a demanda, para que se tornem células do coração, dos ossos ou dos neurônios.

— *Estimular o crescimento dos órgãos... Mas onde são encontradas essas células de embrião?*

— É aí que está a questão. Atualmente, para dispor de tais células para uso terapêutico, utilizamos embriões humanos supranumerários, o excedente de fecundações *in vitro*. Em síntese, servimo-nos da matéria humana como de uma fábrica de células, o que é muito discutível no plano ético. Mas há uma outra pista: retirar células da pele do próprio paciente e "desespecializá-las" para transformá-las em células embrionárias. Então, bastará apenas tratá-las para lhes dar uma outra identidade e fazê-las crescer de maneira a construir o tecido desejado. Sem necessidade, no caso, de passar por embriões humanos cujo número exceda o estabelecido. Recentemente, uma equipe sul-coreana conseguiu obter linhagens de células-tronco capazes de se diferenciar em tecidos especializados tais como células musculares, da cartilagem de túbulos renais, do osso e da pele.[27]

— *Vamos supor que meu coração tenha se degenerado a ponto de ser preciso trocá-lo...*

— ... então nós retiramos algumas de suas células da pele no laboratório, que serão cultivadas de maneira a fazê-las voltar à infância, depois fazemos com que fabriquem músculo cardíaco, e a seguir as transplantamos para seu corpo sem risco de rejeição, porque são suas próprias células e seus próprios genes! Regeneramos, assim, a parte necrosada de seu coração... Essa técnica de engenharia tissular representa uma enorme esperança. Um outro princípio consiste em fabricar um arcabouço de moléculas biodegradáveis no qual as células se desenvolvem. Podemos, assim, reconstituir a cartilagem de um nariz esmagado ou a de um joelho afundado em um acidente. E também, por que não?, um tecido do fígado ou dos rins. Até então era preciso abrir a caixa torácica para extrair o órgão, cortar todas as ligações, implantar o órgão de um defunto. Em suma, um trabalho pesado. No futuro, reconstruiremos os órgãos e os faremos se desenvolver *dentro* do corpo. Porém, ainda temos muito que aprender a respeito da regeneração animal, na qual estão trabalhando inúmeros laboratórios no mundo. Imagine que possamos compreender melhor por que e como volta a crescer a pata de uma salamandra, a cauda de uma lagartixa, uma hidra marinha. E que talvez possamos transpor esses fenômenos para o ser humano... Nosso corpo já sabe regenerar uma parte do fígado (desde que mais ou menos um quarto tenha sido preservado), as células do sangue, a camada exterior da pele e até mesmo a extremidade do dedo em crianças pequenas.

— *E uma pequena parte do cérebro? Ajude-me a ativar um pacotinho de neurônios capazes de me trazer a memória de volta!*

— Isso é uma outra história... Compreendemos agora como se interconectam as células do cérebro. Quando os neurônios se conectam, procurando-se, de certo modo como as hastes de uma vinha virgem, são proteínas situadas em suas extremidades que os ativam ou que os inibem. Mas estamos ainda longe de controlar todas as conexões e de compreender o intrincado novelo que é o cérebro. A ficção científica ainda tem belos temas a explorar...

A arte de enganar as células

— *Estamos pensando, mais uma vez, no câncer, nesses tumores que também se desenvolvem no corpo sem respeitar as regras, e que o devoram. Como ir contra as temíveis estratégias das células loucas?*

— O câncer faz devastações em pessoas de idade mais avançada. Sabemos que as células imunológicas, encarregadas de fabricar anticorpos contra os invasores, não reconhecem como tais as células tumorais. Estas as enganam, disfarçam-se, desviam a seu bel-prazer as redes sangüíneas para se nutrirem e se deslocam pelo corpo criando metástases. Os pesquisadores vêm trabalhando atualmente na elaboração de tratamentos originais que combatam as células malignas, enganando-as igualmente: extraem proteínas específicas do tumor, transferindo-as aos glóbulos brancos, que se põem, então, a dividir-se rapidamente e se transformam em células chamadas dendríticas, que se assemelham a estrelas com inúmeras pontas. Com isso, o sistema imunológico vem a reconhecer a agressão e reage contra todas as células portadoras dessas proteínas, as do tumor e as das metástases. Foram já obtidos bons resultados com essa técnica. Mas trata-se de um tratamento personalizado, para um único indivíduo, e extremamente dispendioso. Será que vamos assim caminhar no sentido de medicinas com velocidades diversas, ficando as mais sofisticadas reservadas aos mais ricos? É uma pergunta que temos que nos fazer. O mesmo se dá no caso da imagenologia, que fez tamanhos progressos que hoje podemos reconhecer em todo o organismo um tumor do tamanho de uma lentilha, permitindo um tratamento precoce e eficaz de inúmeros tipos de câncer. Será que vamos poder pôr à disposição de todos esses equipamentos bastante sofisticados para prevenir essa terrível doença? A que preço?

— *São lutas cada vez mais engenhosas, para prevenir e para combater as doenças. Mas será que podemos retardar o processo do próprio envelhecimento? Sabemos que já existe toda uma gama de hormônios que se supõe agirem neste sentido.*

— Desconfiamos! Conhecemos a DHEA (dehidroepiandrosterona), hormônio natural que agiria como um maestro de orquestra em relação aos demais hormônios, permitindo retardar o envelhecimento. Mas a teoria nem sempre está de acordo com a realidade: constatamos que certas pessoas têm uma taxa de DHEA baixa mesmo estando sujeitas a um envelhecimento pouco acelerado. No estado atual de nossos conhecimentos, é melhor ter cautela. O mesmo se dá em relação ao hormônio do crescimento: ele é naturalmente fabricado por nosso corpo até uma certa idade e em certos momentos de nossa vida, como, por exemplo, quando fazemos exercícios, e, provavelmente, contribui para manter em atividade alguns de nossos órgãos. Mas não conhecemos todos os seus efeitos secundários e é, portanto, perigoso injetá-lo. Quanto à melatonina, ela pode também ter efeitos nefastos com o tempo. Uma das novas abordagens que me parece aceitável é o Juvenon (à base de ácido alfa-lipóico e de L-carnitina) de que já falamos, o antioxidante e alimento ideal das mitocôndrias de nossas células (aliás, ele já é comercializado nos Estados Unidos). Cuidar das mitocôndrias é um bom meio de envelhecer menos rapidamente.

— *Há alguma esperança, do lado genético, de retardar o envelhecimento? Restaurando nossos genes deficientes, por exemplo?*

— A terapia genética consiste em introduzir em nosso DNA genes capazes de defender o corpo contra determinados ataques. Mas tem havido muitos insucessos nessa área... Nos últimos anos, desenvolveu-se um outro método, mais promissor. Em nossas células, a fabricação de proteínas põe em jogo o RNA mensageiro, que é uma cópia de certas partes de nosso DNA. Pois bem, podemos intervir nesse processo, fabricando mensagens falsas (chamadas de RNA interferentes) que inibem determinado gene, anulando sua manifestação. Um processo descoberto nas plantas[28] que já deu resultados interessantes, sobretudo no sentido de inibir a reprodução de vírus. Poderíamos, assim, corrigir os erros de cópia que acontecem no decurso das divisões do DNA da mitocôndria e que são responsáveis por sua degradação ao longo do tempo. O que é essencial quando se sabe que uma única mutação desse DNA está ligada, como vimos anteriormente, a três grupos de doenças de pessoas idosas: a hipercolesterolemia (excesso de colesterol), a hipertensão (pressão muito alta) e a hipomagnesemia (falta de magnésio). Temos aí os primórdios de uma verdadeira medicina molecular.

O homem-máquina

— *Tudo isso que você disse é fascinante... e assustador. Vemo-nos idosos, entupidos de próteses, recheados de chips e de captadores em miniatura que liberarão um hormônio aqui, outro hormônio ali, darão nossa posição ao médico para termos mais segurança e nos enviarão uma descarga se nosso corpo desmoronar. Vamos tomar pílulas de manhã, fazer nosso balanço diário de saúde em nosso banheiro, carregar fios em nosso cérebro e nossa ficha médica sob a pele... Em suma, os velhos do futuro estarão, talvez, em forma, mas serão máquinas! Não seremos mais verdadeiramente seres humanos!*

— Essa é uma questão fundamental. Até onde modificar nosso corpo? Primeira etapa: o homem *restaurado*. Nós interferimos no corpo para modificar funções metabólicas responsáveis por doenças graves ou para substituir uma parte deficiente: o marcapasso substitui o mecanismo cardíaco, uma lente de cristalino corrige a catarata, uma prótese de titânio substitui a articulação deficiente... A maior parte das pessoas concorda com tais reparações, que não envolvem muitos problemas éticos. Segunda etapa: o homem *transformado*. Trata-se agora de acrescentar funções que nos transformam em profundidade: inibe-se a fabricação de determinadas proteínas com o RNA interferente de que falamos, modifica-se o cérebro para eliminar os efeitos da doença de Parkinson, reconstrói-se o fígado por meio da engenharia tissular, troca-se um gene usando a terapia genética... Aqui já temos o direito de nos perguntar se tais intervenções serão verdadeiramente essenciais, se não serão, de fato, demasiado assistidas, ainda mais por ficarmos dependentes de uma logística exterior, nem que seja para recarregar as baterias dos implantes.

— *Terceira etapa?*

— É o homem *expandido*: desta vez se ampliam funções naturais ou se acrescentam novas com melhor desempenho. Por exemplo, graças a um *chip* instalado atrás da retina, poderíamos enxergar no infravermelho ou no ultravioleta, como as abelhas (uma técnica que, certamente, é do interesse dos militares). Podemos pensar também em aumentar a memória implantando, no cérebro, *biochips* ou igualmente minidiscos. Ou, em vez de tomar Viagra, implantar em local crítico um *chip* que, ligado ao cérebro, reagiria no momento necessário...

— *A prótese do desejo? Que horror!*

— Espere! Eu sou também bastante crítico em relação a tal evolução, ainda mais pelo fato de que ela arrisca criar novas desigualdades. Os mais ricos poderão acrescentar a seu corpo funções, os demais não poderão. Não podemos deixar de lembrar as classes sociais imaginadas por Aldous Huxley em seu *Admirável mundo novo*. Mas, sejamos realistas: há muito tempo já aceitamos acrescentar à nossa pele objetos que são extensões de nossas capacidades: relógio, óculos, calçados... Também já acrescentamos um grande número de próteses: automóveis que nos fazem ir mais rápido, elevadores que nos permitem subir sem esforço, aviões que nos fazem voar, telefones celulares que nos possibilitam falar a distância, a internet...

— *Porém, tudo isso fica fora de nosso organismo. Será que podemos aceitar que algo inerte entre em nosso corpo, que pouco a pouco nos tornemos algo diferente de uma "sociedade de células", como você nos chamou?*

— Nos próximos 50 anos viveremos na era que eu chamei de biótica, a união da biologia e da informática. Os *chips* que podem ser facilmente implantados vão se generalizar e nos permitirão, em certos casos, reduzir a velocidade de nossas ações. Alguns trabalhos[29] já demonstraram que animais podem se comunicar diretamente com computadores ou braços robóticos, não pelo "pensamento", mas graças a séries de eletrodos colocados em lugares precisos do cérebro (os impulsos neuronais correspondentes aos movimentos desejados pelo animal são decodificados por um computador, depois transmitidos a distância pela internet para serem transformados, a 1.000 km de distância, em ações mecânicas). Um telefone enxertado na orelha, com seu *chip* diretamente conectado a nosso sistema acústico, é possível... Será que desejamos tal aplicação? De minha parte, prefiro métodos menos invasivos para as trocas com o meio — o reconhecimento pelos olhos, pelo olfato, pela voz. As próteses químicas e físicas certamente prestarão um serviço aos deficientes e às pessoas idosas, mas será preciso ficarmos extremamente vigilantes quanto às aplicações e derivações possíveis dessas técnicas. Daí a importância da informação e a necessidade de um debate público, aberto, a respeito.

Desliga!

— *Ouvindo você ficamos sem saber se se trata de um belo sonho ou de um pesadelo. Não será, na realidade, o mito da eterna juventude que estaremos perseguindo?*

— A fonte da juventude, Oscar Wilde, Fausto... Esse mito é tão velho quanto a humanidade. A grande diferença é que o que chamávamos de "velho" tem cada vez menos as características da velhice. Esta mudou, física e mentalmente. O sonho de hoje não é permanecer jovem, e sim envelhecer bem e nos mantermos em forma durante muito tempo.

— *Não é tão simples assim. Apesar de tudo somos muito ciosos de nossa aparência. Louvamos as características da infância, os arredondados, as faces rechonchudas que associamos à doçura e à beleza. É esse, aliás, o objetivo da cirurgia plástica, que vem se desenvolvendo com a velocidade que bem conhecemos.*

— Mais rapidamente ainda os homens agora também a adotaram. Eu não sou a favor de um uso excessivo da cirurgia plástica, a não ser em caso de acidentes. Quando um ator de cinema ou um apresentador de televisão injeta botox, por que não? De qualquer forma, é uma operação temporária. Mas, quanto aos demais... Seria preciso admitir que existe também uma certa beleza nas rugas. Algumas pessoas centenárias têm fisionomias maravilhosas, como madeira escurecida, como se tivessem sido trabalhadas pelo vento. De minha parte, prefiro manter meu rosto e dar-lhe consistência a partir do interior. Há casos em que, ao tirar as rugas, tira-se também parte do que define uma personalidade. Acho que devemos envelhecer com nossas rugas, com nosso corpo, com nós mesmos.

— *Envelhecer está se tornando quase uma opção. Se estamos arriscados a desenvolver, em futuro próximo, uma espécie de ardor furioso pela longevidade, uma obsessão com a forma e a aparência, também é provável que algumas pessoas possam caminhar em sentido inverso: "Não, pra mim chega dessa espécie humana orgulhosa. Não quero ser centenário."*

— "Parem o mundo que eu quero descer!", disse Woody Allen. De fato, há limites para todos esses desenvolvimentos. Imaginemos um homem de 125 anos restaurado da cabeça aos pés, com seus órgãos reconstituídos, carregado de *chips* e de próteses de todo tipo... Provavelmente há de chegar o dia em que ele estará farto de tudo isso. Seus amigos terão morrido, ele já terá visto tudo, e é provável que queira parar, desligar tudo: o telefone, as próteses, os *chips*, o próprio corpo. Vai querer voltar a ser ele mesmo, em suma. Longe de nós, neste livro, a idéia de obrigar as pessoas a se tornarem velhas. Podemos perfeitamente não ter vontade disso. Algumas pessoas podem preferir morrer mais rápido, o que é, realmente, uma escolha. Outras se entregam a um suicídio lento, dirigindo de maneira agressiva e perigosa, continuando a fumar, ou se embebendo em álcool. Não são poucos aqueles que desejariam até mesmo pôr fim à própria vida em determinado momento. Preparar-se para morrer com serenidade e sem angústia é uma arte que exige grande sabedoria. Mas o prolongamento da vida traz algo mais ao indivíduo e à coletividade, uma espécie de liberdade, e por isso podemos considerá-lo como um novo direito dos homens. Mas será ainda necessário que a sociedade seja capaz de adaptar-se a essa bomba de efeito retardado que representa o prolongamento da vida humana, e é disso que François de Closets vai nos falar adiante.

A obrigação da autonomia

— *Tudo isso exige que cada indivíduo queira realmente tomar a seu cargo a própria vida. O que não parece evidente.*

— Ivan Illich faz uma caricatura do médico, comparando-o ao sacerdote de outros tempos, que hoje prescreve sua receita do mesmo modo que a penitência pronunciada quando se saía do confessionário. Hoje em dia, no mundo e, sobretudo, nos Estados Unidos, os indivíduos reivindicam cada vez mais o direito de assumir por conta própria a gestão de sua vida. Esse novos métodos vão modificar a concepção de mundo até então dominante, em que nos púnhamos totalmente nas mãos do médico ou da indústria farmacêutica. Seremos, provavelmente, mais bem aconselhados, e menos assistidos. De maneira geral, será importante dar a cada um um pouco de poder sobre si mesmo. Para algumas doenças, como a esclerose amniotrófica lateral (a doença de Charcot), a AIDS, a esclerose múltipla, já existem listas de discussão na internet em que os doentes falam de seus sintomas, trocam conselhos e se encorajam reciprocamente.

— *Mas, pelo que você diz, a autonomia não faz parte, realmente, da atmosfera do nosso tempo. Grande número de pessoas acha melhor passar a responsabilidade para os profissionais, entregar-se nas mãos dos médicos e dos especialistas. Há um certo alívio em livrar-se de responsabilidades.*

— É verdade. Na religião, aos padres: "Diga-me se isto é um bem ou um mal para me garantir o paraíso." Na saúde, aos médicos: "Diga-me que remédios tomar e eu terei uma boa saúde." Na vida pública, aos políticos: "Eu voto em você para você decidir..." É muito confortável, não há dúvida. Ao contrário da autonomia, que é uma obrigação. Mas eu acho que estamos prontos a aceitá-la, porque dela tiramos também benefícios: tomar a vida mais a seu cargo é também dar um sentido à própria vida, é encontrar igualmente prazer nisso. Temos prazer em comer bem, em tomar consciência de que estamos agindo com bom senso em relação a nossa saúde. Cultura, vontade e razão, certamente. Mas também prazer, emoção, participação. É preciso conciliar as duas coisas. Creio que a responsabilização individual é um fenômeno mais geral que está ligado à evolução das democracias modernas: não queremos ser privados das decisões que nos cabem, queremos retomar em nossas mãos determinados aspectos de nossa vida: a vida política, a vida cultural, a educação de nossos filhos e, em primeiro plano, nossa alimentação e nossa saúde. Mas é preciso lembrar que não há receitas que sirvam para todos. Não estamos buscando propor aqui modelos, mas simplesmente dar testemunho de outras atitudes em relação à vida, assinalando os enormes desafios sociais, econômicos, políticos e éticos de uma longevidade "democratizada". E lembramos também algo mais: que a tecnologia não é uma resposta para tudo, que ela cria por vezes efeitos colaterais mais graves do que aquilo que pretendíamos curar.

— É preciso lembrar também que essas belas preocupações são as de países ricos, os únicos lugares onde podemos cuidar de nossa saúde até esse ponto e onde a longevidade se tornou um novo luxo.

— Certamente. Tudo que dissemos até aqui só se refere aos países desenvolvidos, isto é, aqueles em que as populações têm a possibilidade de se alimentar, de se cuidar, de assumir sua higiene. Dos 6 bilhões de habitantes do planeta, a maior parte das pessoas ainda bebe água poluída, que é a causa de uma mortalidade infantil dramática e de uma mortalidade prematura nos adultos. Sua alimentação, tanto em qualidade quanto em quantidade, é deficiente: não é suficientemente nutritiva, não tem aminoácidos suficientes, e ainda sofrem de doenças endêmicas permanentes. Eles não morrem em conseqüência de um envelhecimento prematuro, e sim devido aos efeitos da fome, da AIDS, de doenças infantis e de guerras locais. Daí a urgência da educação, de informação e da valorização do papel das pessoas de mais idade nos diferentes tipos de sociedades humanas.

Eu gosto de mim

— *Quanto a nós, o melhor que temos a fazer é gerir bem nosso corpo, cuidar dele, dar-lhe assistência para que ele viva por muito tempo e nos sintamos bem dentro dele, pois, de qualquer forma, um dia teremos que abandonar o barco. A imortalidade, como dissemos no início, não faz parte deste mundo. E talvez não seja sequer desejável.*

— Nós somos apenas seres que vivem no tempo, destinados a desaparecer. François Jacob diz que a vida não existe, ela não é mais que a corrente que atravessa os envoltórios de nossos corpos. André Wolf dizia, por sua vez, que "a vida é o conjunto de fenômenos que possibilitam lutar contra a morte". E, complementando o que dizem esses prêmios Nobel, podemos parafrasear novamente Woody Allen: "A vida é uma doença mortal sexualmente transmissível." Em outros termos, a vida é uma espera, em um mundo de entropia e de desordem em que tudo retorna ao pó. A complexidade do ser vivo é um estado que podemos manter por bastante tempo, tal como a democracia, mas ela implica um trabalho contínuo sobre nós mesmos, pois se trata sempre de um equilíbrio precário entre dois extremos. De um lado, o caos, a desordem, o turbilhão que desorganiza. Do outro, a rigidez do cristal, a estabilidade, a burocracia que não evolui. Entre os dois, a complexidade que pode se tornar um redemoinho e não levar a nada, ou, ao contrário, se organizar. É isso a vida: um estado improvável, transitório e frágil. E, como o pensamento, ela exige uma reestruturação permanente.

— *Nós,* Homo sapiens, *mais astutos que as demais espécies, poderíamos ter a ambição de escapar da natureza e de seus ciclos de vida e morte.*

— O homem é uma célula da sociedade que faz parte de um macroorganismo planetário. Não vemos como nos subtrair a isso. A resposta se encontra, a meu ver, na intensidade do instante, mais do que na diluição em uma eternidade incapturável. Mas isso já é uma outra história. De minha parte, eu não resisto à vontade de aplicar a minha vida a famosa aposta de Pascal. Eu organizo minha vida, escreveu o filósofo, como se Deus existisse. Das duas, uma: se ele não existir, como eu orientei minha vida pondo em ação valores que levam ao bem, eu não tenho qualquer perda ao voltar para o nada; e se Deus existir, e minha ação me levar ao paraíso, eu terei a recompensa de minhas escolhas. Quanto a mim, acredito que vou viver 130 anos (mesmo que não esteja muito convencido disso). Por conseguinte, tenho projetos apaixonantes para os próximos 60 anos, o começo de uma verdadeira "vida a mais", a ser criada todos os dias. Das duas, uma: se eu morrer amanhã ou depois de amanhã, terei vivido com uma esperança positiva e motivado para realizar esses novos projetos pessoais, familiares, sociais; se eu viver ainda mais 20, 30 ou 60 anos, irei realizando gradativamente esses projetos. Se eu ganhar, ganho tudo. Se perder, não perco nada!

— *Ao terminar esta primeira parte, não posso deixar de me perguntar se essa atenção tão grande, quase maníaca, dada ao próprio corpo e a si mesmo não é um tanto suspeita. De ficar olhando só o próprio umbigo. Não acha?*

— Realmente, fazemos isso por amor a nós mesmos. Mas não é egoísmo gostar de si mesmo! Gostar de seu corpo, querer mantê-lo saudável, sentir-se bem sendo quem é, ter auto-estima, não é algo tão fácil, e é algo que merece todo o respeito. Sobretudo porque isso é também um ganho para os outros, para a família, para os profissionais que trabalham conosco. Ao passarmos adiante uma atitude positiva, ela acaba voltando para nós, em um efeito bumerangue. Mas quantas pessoas, pressionadas por questões familiares, por problemas financeiros, pelas catástrofes, pelas guerras, podem dizer essas palavras: eu gosto de mim? É interessante constatar que todas as grandes religiões dizem a mesma coisa: dê tempo ao tempo, viva a longo prazo, pense no depois, seja seu próprio criador, ame os outros, tente comprender o mundo que o cerca, pense em algo maior que você, seja humilde... Essa visão converge para o que estávamos dizendo e, provavelmente, para o que vai nos dizer Jean-Louis Servan-Schreiber. Viver bem a própria longevidade não é, em absoluto, algo tão complicado, e pode ser também um ato de humanidade e de generosidade.

SEGUNDA PARTE

O espírito

CAPÍTULO 4

Os pioneiros da nova idade

É em nosso pensamento que a velhice se instala em primeiro lugar. É é talvez aí que podemos adiá-la. Veremos aqui como a longevidade é também uma questão de estado de espírito.

A conquista do Oeste

— **Dominique Simonnet**: *É uma grande notícia essa que a ciência e a medicina nos deram pela voz de Joël de Rosnay: descobrimos uma nova idade de vida, um continente inteiro escondido atrás do horizonte dos 60 anos, no qual, ao que já se diz, é prazeroso morar. Mas essa terra, que você também está explorando, parece ser ainda muito misteriosa.*

— **Jean-Louis Servan-Schreiber**: Os três interlocutores deste livro pertencem a uma geração pioneira, que vem desbravando um território inteiramente novo. Nele tudo está por inventar: nossos comportamentos, nossa filosofia, a moral de nossa ação. É uma verdadeira aventura! Comparável à construção de diques pelos holandeses: eles conseguiram arrancar das ondas novas terras. Para nós, as novas terras são essas décadas a mais.

— *Mas outros, antes de vocês, também aportaram nesse novo continente.*

— Na Grécia antiga parece, de fato, que algumas celebridades teriam tido o privilégio da longevidade: Pitágoras foi além dos 95 anos; Sófocles chegou aos 90 anos; Hipócrates, aos 90 ou talvez aos 100 anos; Diógenes, aos 91 anos; Platão, aos 81 anos... Em uma época em que a expectativa de vida não ultrapassava, em média, os 40 anos, era uma bela amostra, talvez, do famoso regime cretense. O mesmo não aconteceu no decurso da Idade Média nem no decorrer dos anos que se seguiram. A grande mudança é a que ora está sendo produzida: em poucos decênios, a duração média de vida aumentou consideravelmente, e o que antigamente era exceção vem se tornando agora algo que abrange um número crescente de indivíduos, pelo menos nas sociedades em que o nível de vida é mais elevado. Atualmente, são batalhões, e não mais estafetas, que penetram nesse continente da idade acima de 60 anos. Em breve teremos dezenas, ou até mesmo centenas de milhares de pessoas centenárias em todas as partes do mundo. A partir do momento em que as populações saem da miséria (como já acontece em grande parte da China) e têm acesso a normas sanitárias e médicas corretas, a longevidade cresce mais rápido. Ela caminha junto com a prosperidade: quanto mais sobe o nível de vida, mais a vida se prolonga.

— *Envelhecer: decair, enfraquecer-se, fenecer, declinar. Velho: murcho, enrugado, cansado, gasto, sem frescor, ultrapassado, fora de moda, sem energia... O mínimo que podemos dizer é que a idéia que temos desse território não tem sido muito empolgante. A velhice não é vista como uma idade feliz: ela vem irremediavelmente associada a declínio.*

— Tudo depende do que entendemos por essa palavra. Há, em primeiro lugar, a velhice "social", aquela que as idéias recebidas prontas nos impõem: por elas as pessoas idosas são, de fato, consideradas incapazes para determinadas atividades e desprovidas de sedução. Há a velhice esperada, a que nós antecipamos por conta própria a partir dessas idéias recebidas: quando os primeiros algarismos de nossa idade se tornam um 5, depois um 6, depois um 7. É muito freqüente ver as pessoas se conformarem com os preconceitos dominantes e se resignarem a passar a um estado diferente, o do afastamento de tudo e da inação, e assim mergulhar em um naufrágio lento, que vai durar ainda algumas dezenas de anos. E por fim há a velhice vivida, a que estamos tentando experimentar e que estamos descobrindo, com imensa surpresa, que não é triste como acreditávamos. E que ela não se assemelha, em absoluto, ao que nos haviam predito!

— *Surpresa de ser rotulado de "velho" e de não se sentir velho?*

— Sim. Colette dizia: "O que aborrece quando envelhecemos é que continuamos jovens!" O que eu vejo, ao examinar meu próprio percurso, é que, salvo ocasionais cuidados com a saúde, "sentir-se velho" não é algo fatal. As pessoas têm essa sensação quando se vêem confrontadas com uma circunstância dolorosa ou quando sofrem de alguma doença: nesses momentos, elas se sentem menos capazes de enfrentar, sentem suas capacidades reduzidas. Mas sentir-se velho permanentemente é algo que só vai acontecer muito mais tarde. "Depois dos 60, acordar de manhã e não sentir dor em nenhum lugar, só se estivermos mortos!", brinca um humorista. Mas, não! É muito mais freqüente eu me pegar dizendo: "Eu sei que minha juventude um dia vai acabar, mas quando?" Vamos deixar claro, para dar prosseguimento a nossa conversa, que eu falo com base em minha própria experiência, que minhas percepções e minhas preocupações não são as de uma mulher, que eu tenho 67 anos e não 75, e que me encontro em um momento particular de meu percurso. Só posso dar um testemunho a partir de minhas próprias vivências.

Terra Incognita

— *Feitas essas ressalvas, a descrição de sua viagem em direção à longevidade é preciosa, porque você é, de certo modo, um pioneiro, e até o momento temos ainda poucos testemunhos.*

— Provavelmente será útil manter um diário de bordo dessa expedição. Filosoficamente, abjurei da noção que antigamente nos ensinavam, segundo a qual o Eu é detestável. Eu creio, ao contrário, que o Eu é a única abordagem possível de uma verdade, desde que se saiba manter a modéstia. Falar de si não tem por objetivo erigir-se em modelo, e sim dar testemunho da única aventura humana que conhecemos diretamente. Ela pode ser instrutiva para outros com a condição de que seja autêntica e que leve em conta tanto as dificuldades quanto os prazeres. Pois, ao longo de nossa vida, nós nos defrontamos com situações novas e nos perguntamos: "Como é que os outros resolvem isso? O que foi que meus pais fizeram? O que fariam meus amigos?" Nós precisamos muito de histórias de vida que nos ajudem a ultrapassar momentos excepcionais, a superar uma depressão, a lutar contra uma doença, a escolher atitudes possíveis diante de situações inéditas ou delicadas.

— *A longevidade instiga, então, a nos fazermos uma série de perguntas.*

— Com certeza. Posso fazer isso? Devo fazer isso? Será que isso é insignificante ou é ridículo? Ou é legítimo? Minhas capacidades e minhas percepções se transformam. Será que estou me rebelando? Ou que estou compensando? Nesse período da vida, tenho a impressão de que tudo deve ser reavaliado, que nosso sistema de pensamento deve ser revalidado. Até então podíamos nos apoiar em uma base de valores comuns para levar adiante a vida e assumir nossas responsabilidades familiares, parentais, amorosas, coisas já amplamente tratadas na mídia e na literatura. Pensávamos poder encontrar um guia de comportamento. Ao chegar a essa zona das têmporas grisalhas, já não sabemos mais nada. As estatísticas sobre os comportamentos sexuais, por exemplo, param nos 50 anos... O que sugere, implicitamente, que depois disso "nosso bilhete perdeu a validade", usando a expressão de Romain Gary. Cabe a cada um explorar, sem marcos previamente colocados, o novo território.

— *Mergulhamos, então, na névoa, como na época da adolescência.*

— Essa nova idade se assemelha, realmente, a uma outra adolescência. Alguns, aliás, a chamaram de "maturescência". Os adolescentes se fazem inúmeras perguntas: "Será que eu sou normal? É natural pensar isso, fazer aquilo, ter vontade de outra coisa? Será que eu sou igual aos outros? Que vou ser aceito como tal?" Pois isso tudo recomeça aos 60 anos! Na maturidade temos a impressão de andar sobre trilhos. E eis que, de repente, nos vemos de novo na incerteza. De novo descobrimos aspectos da vida para os quais não estávamos preparados. A diferença é que o horizonte temporal se transformou radicalmente: agora vemos aproximar-se o fim de nossa história sem experimentar, necessariamente, suas premissas físicas. Nesse momento só temos uma escolha: ceder terreno ou lançar desafios. Resignar-se ou lutar.

— *Mas nós não empreendemos essa viagem com o mesmo equipamento, nem os mesmos recursos, nem a mesma preparação. Nosso corpo está diferente, nosso estado de espírito também.*

— Diante do envelhecimento nós não somos iguais. A fragilidade maior desse período da vida traz à tona grandes injustiças. Nossa bagagem genética determina em parte nosso destino, e nada podemos fazer neste sentido. Para assumir a velhice da maneira menos pesada possível, é preferível que nossas escolhas de vida anteriores não nos tenham levado a muitos insucessos. Os acidentes físicos se tornam mais freqüentes. Podemos ter contrariedades a todo instante. Se quebrarmos uma perna aos 70 anos, ou contrairmos hepatite, estamos arriscados a sair dessas provas permanentemente limitados; sofreremos transformações físicas que controlaremos com mais dificuldade e que, provavelmente, nos obrigarão a renunciar a algumas coisas. Se nossos músculos se atrofiarem, por exemplo, recuperarão mais dificilmente uma boa tonicidade. Uma ferida cicatrizará mais lentamente. Envelhecer é caminhar em campo minado. Mas, como não temos escolha, temos que nos dar possibilidades de atravessá-lo da melhor maneira possível. A primeira de nossas prioridades é envelhecer mantendo-se em boa forma.

Preparar a travessia

— *Ou seja, como disse Joël de Rosnay, manter, "gerenciar" o próprio corpo, estar em sua melhor forma para a travessia.*

— Exatamente. Essa tomada de consciência torna-se vital e tem conseqüências bem concretas. Viver esse período da existência em boas condições é, antes de tudo, uma questão de vontade e de atitude, mas a vontade não basta se o corpo não acompanhar. É, portanto, preciso, em primeiro lugar, cultivar seu jardim, isto é, sua carcaça. Gaston Defferre, que era um grande navegador e adorava barco a vela, dizia: "O mar não perdoa nossas asneiras. Se esquecermos alguma coisa ou amarrarmos mal um objeto essencial, podemos estar certos de que vamos sofrer as conseqüências no pior momento." É nessa nova idade, a da longevidade, que nos arriscamos a pagar pelas negligências e os erros de antes. Um dia eu decidi participar da corrida do *Figaro*. Nós fomos agrupados por idade, com cinco anos de diferença entre um grupo e outro. Fiquei chocado de ver a que ponto existiam disparidades entre pessoas de idade próxima, revelando a atenção que haviam dado a seu corpo, ou de acordo com os presentes que a natureza lhes havia, ou não, oferecido. No entanto, todas as pessoas ainda eram, por definição, capazes de correr.

— *Em suma, a nova idade é, portanto, o momento de pagar dívidas.*

— Ou de ver capitalizados os resultados da política pessoal que se manteve em relação ao próprio corpo durante os anos precedentes. De minha parte, eu tive a possibilidade de ter em mente, desde os 25 anos, o horizonte do envelhecimento. Eu já tinha então consciência de que meus atos poderiam ter, a longo prazo, conseqüências, e que eu não deveria brincar com isso.

— *É, mas reconheça que essa atitude não é a mais habitual. Não é freqüente pensar na velhice em uma idade em que se consome vida em todos os sentidos. Pelo menos, não se avalia muito o preço disso.*

— É um erro. Deveríamos permanentemente preocupar-nos com a gestão de nosso corpo a longo prazo, como disse Joël de Rosnay, e com sua boa gestão física. No meu caso, foi nesse momento que comecei a fazer ginástica todos os dias. E prometi a mim mesmo que continuaria a fazer até os 50 anos, pensando, ingenuamente, na época, que depois disso não adiantaria mais. Ora, ao chegar a essa idade, percebi que as coisas estavam apenas começando. Que é muito mais garantido abordar esse período da vida quando dispomos de um corpo em bom estado. Se ele estiver precisando de grandes trabalhos de restauração, estamos arriscados a desanimar diante do tamanho da tarefa e a deixar o barco correr. Eu cruzo com pessoas de minha idade que parecem ter capitulado diante de sua obesidade, do estado de seus músculos, de seu coração, coisas que poderiam, todas elas, ter feito uma grande diferença para sua saúde e seu bem-estar. Felizmente, há meios de lutar contra essa decrepitude.

— *Foi sobre isso que falamos com Joël de Rosnay.*

— Claro. Uma boa alimentação (que pode diminuir os riscos de câncer em 20 ou 30%, o que não é nada), prosseguir com uma atividade intelectual, com uma respiração bem treinada (não se dá muita atenção ao controle da respiração), alguma atividade física diária (e não apenas duas horas por semana aos domingos), autoconfiança... Tudo isso pode estar ao alcance de todos. Os quatro segredos das pessoas centenárias são, ao que parece, terem nascido em uma família de longevos, ter vontade de viver, ser um pouco egoísta e ter possibilidades físicas e financeiras.

O front *interior*

— *Você nos dá, então, o mesmo recado que Joël de Rosnay: envelhecer não é uma fatalidade. É também uma opção.*

— Não há a menor dúvida! Algumas pessoas se resignam a envelhecer, curvam a espinha e adotam uma atitude que acelera o processo. Por quê? Acredito que isso venha de contratempos vividos na existência, que muitas vezes nos reserva surpresas desagradáveis, no plano profissional ou pessoal. Para suportar tais decepções, podemos sentir-nos tentados a adotar uma postura de envelhecimento, que exige menos de nós mesmos. É um modo de reduzir o vento nas velas, ou de não se deixar apanhar por ventos contrários. Buscando, assim, alguma vantagem no fato de tornar-se um velho.

— *E, de fato, não é fácil ir contra a corrente... Há também os aniversários, que caem sobre nós como facadas. Dizemos a nós mesmos: "Bom, estou fazendo tantos anos, estou ficando velho", e nos conformamos com aquela velhice socialmente vista de que falamos, ajustando-nos à imagem que se crê ser a correspondente à nossa idade.*

— Há pessoas que parecem lamentar sua sorte à medida que a idade avança. Não vejo qualquer vantagem nessa celebração do próprio declínio. Essas pessoas, na realidade, se rendem a rituais sociais que as afastam cada vez mais do que há de essencial nas coisas. Para mim, a noção de idade resulta muito mais de um trabalho cotidiano, modesto, feito de pequenas coisas, de pequenas convicções. Eu não digo a mim mesmo: "Eu hoje sou menos que ontem", mesmo que isso seja biologicamente iniludível. Ao contrário, busco manter o mais duradouramente possível o que acredito ser essencial, para que eu me sinta bem na vida. Cabe a cada um escolher seus próprios critérios neste sentido.

— *Se estou entendendo bem, em vez de ceder à ilusão de ser velho, todo mundo dispõe de uma margem de manobra. Ou seja, podemos decidir não envelhecer rapidamente.*

— Em nossa época, o individualismo se acentuou, a ponto de estar até sendo criticado. (Mas não seria ele uma alternativa?) No entanto, ele pelo menos nos instiga, em todos os domínios e em todas as épocas da vida, a exercer nossas escolhas. Seja a de nos dobrarmos a uma norma imposta e de nos deixarmos levar pelas circunstâncias, seja a de resistir buscando uma trajetória personalizada. Isso é ainda mais verdadeiro diante do envelhecimento. Trata-se, aqui, de lançar um desafio a nós mesmos, e não ao resto do mundo, pois neste seríamos certamente perdedores. Inevitavelmente, chega um momento em que a luta se trava entre o eu e mim mesmo. Ao final de sua campanha na França, Napoleão travou batalhas incríveis, enquanto batia em retirada. Ele estava em seu território e lutava na França depois de ter conquistado a Europa. Quando ficamos velhos, é a mesma coisa: a luta é com nós mesmos; podemos estar "retirados", aposentados, mas continuamos ainda a lutar. O novo campo de batalha é nosso próprio corpo, e nossa própria atitude. O combate nesse *front* interior tem um sentido verdadeiramente filosófico: o de aprofundar nossa experiência de vida.

— *Com a condição de que entremos nessa luta bem armados, o que nem sempre depende de nós.*

— Eu conheci pessoas que pareciam ter tomado todas as precauções profiláticas ao longo da vida e que foram vítimas de infarto. Nossos esforços não são todos necessariamente recompensados. Mas isso não é uma razão para baixar a guarda. Assim como em um campo de batalha, pessoas tombam a nosso lado, e cada vez em maior número, à medida que a idade aumenta. No dia em que chegar nossa vez, tenhamos pelo menos a satisfação de termos vivido plenamente até aquele momento! Não devemos subestimar o poder que podemos exercer sobre esse instrumento incrivelmente frágil e maravilhoso que é o nosso corpo. Nos Estados Unidos, algumas pessoas instauram processos judiciais contra fabricantes de cigarros e distribuidores de *fast-food*, responsabilizando-os pelos riscos que correram fumando ou comendo demais. Como se fosse da responsabilidade de outro o que lhes cabe decidir quanto à sua própria vida! Nesse domínio jamais me passaria pela cabeça a idéia de me queixar com quem quer que fosse a não ser eu mesmo! É a primeira das atitudes a serem tomadas para abordar a longevidade: aceitar, e até mesmo reivindicar, ser o único responsável por si mesmo.

Pequenos benefícios

— *Para muita gente a velhice vem sempre acompanhada de renúncias. Afinal, por que não desistir e viver mais tempo reduzindo as próprias ambições e entregando-se ao destino? Quem sabe poderíamos ver nisso uma forma de sabedoria...*

— O entregar os pontos, o deixar rolar podem, justificadamente, nos tentar. Para ser franco, eu mesmo tenho, por vezes, a sensação de oscilar entre as duas atitudes de que falamos: renunciar ou resistir. Também não quero me enganar nem imaginar que posso vencer minha condição de mortal e vulnerável. Mas, ao mesmo tempo, tenho que tentar fazer isso! Essa ambigüidade faz parte da própria natureza humana. A longevidade é uma luta que um dia acabaremos perdendo, mas é preciso, apesar de tudo, travar essa luta, porque ela tem sentido. Mesmo sendo certo que não terei a vitória final, nem por isso deixo de poder gozar cada dia e tentar embelezar cada momento que me resta.

— *Seria preciso, então, dar provas de voluntarismo diante do envelhecimento.*

— De fato, acho que temos que enfrentá-lo com determinação, inclusive em termos de renúncia onde e quando for necessário. Mas, nessa etapa declinante da vida, agir me parece o melhor recurso contra o desespero. Pois agindo tenho a certeza de estar vivo. O que poderia desejar de melhor? Quando olho para trás, eu me dou conta de que as verdadeiras satisfações, os prazeres, os momentos felizes que tive não foram os grandes eventos de minha vida, ou alguns possíveis triunfos, mas uma trama cotidiana feliz. Gosto deste aforismo de Cioran: "Só podemos saborear realmente o gosto de nossos dias se renunciarmos à obrigação de ter um destino." Retrospectivamente, compreendemos que as pequenas coisas que realizamos são, talvez, insignificantes. Mas o prazer de tê-las experimentado foi, sem sombra de dúvida, um instante bem real.

— *É então este um de seus grandes princípios: o que fazemos para o futuro nós o ganhamos também no presente.*

— Exatamente. Há sempre um ganho. Eu me satisfaço perfeitamente com pequenos benefícios ganhos no dia-a-dia. É esta, aliás, uma das grandes descobertas do avançar da idade: o tempo e as sensações adquirem maior valor, mesmo que nosso capital esteja se reduzindo a olhos vistos. Podemos ver isso como uma tragédia ou, ao contrário, como uma intensificação do prazer. Eu prefiro a segunda opção. De qualquer maneira, nós mesmos fabricamos nossa esperança, a esperança de continuar a ter, pelo menos, um belo amanhã no dia seguinte, e também no outro dia e, por que não, na próxima semana e em todo o ano? Será que isso não é suficientemente motivador para justificar nossos esforços?

A outra estátua da Liberdade

— *Uma bela filosofia. Mas isso não seria uma forma de fechar-se em si mesmo e de renunciar ao mundo?*

— Não, não se trata de um fechamento sobre si mesmo. E sim de um recentramento, uma redefinição de prioridades. Em nossa sociedade, valorizamos a interação com os que nos cercam e com nosso meio ambiente, mesmo em detrimento de nosso jardim interior. Agora se trata, ao contrário, de cultivá-lo para reencontrar o que temos de mais precioso em nosso interior. Quando eu era criança, se pensava na morte, eu dizia para mim mesmo: "É terrível. Um dia, tudo vai continuar como antes e eu não estarei mais aqui para aproveitar o que acontece." Eu pensava no progresso, nas descobertas futuras, nos acontecimentos maravilhosos dos quais eu estaria ausente. Isso me parecia o mais grave inconveniente da minha morte. Hoje, isso me interessa menos. Ao envelhecermos nos tornamos menos dependentes do exterior e passamos a ouvir mais nosso interior. Trazemos de volta, para dentro de nós, nossas razões de viver e buscamos viver cada vez mais com nossos próprios recursos. Poderemos deixar este mundo com mais tranqüilidade quando já tivermos começado a nos desligar dele.

— *Ou seja, não renunciar ao mundo, então, mas pelo menos mostrar-se menos conquistador e mais humilde, é isso?*

— Certamente. A humildade, virtude essencial em todas as épocas da vida, assume maior importância com a idade. É, pois, o momento de fazer um bom estoque! Avaliamos a cada dia a pouca importância que temos. Temos que renunciar a toda veleidade de sermos gloriosos vencedores no mundo exterior. É em nós mesmos que vamos encontrar a gratificação, no simples encadear dos dias, na consciência de poder ainda ver, sentir, respirar, existir... Enfim, é a própria vida que é nosso presente permanente e extraordinariamente estimulante! Não importa se a saída será um dia fatal. O importante é a percepção que temos de nós mesmos, e nosso bem-estar. O que se assemelha a um verdadeiro estado amoroso. Oscar Wilde dizia: "Apaixonar-se é supervalorizar alguém." Viver a longevidade exige, talvez, nos supervalorizarmos. Por que não, se isso nos dá prazer e nos traz um suplemento de vida? Filosoficamente, eu combato a ilusão. Mas, na vida diária, uma pitada de ilusão não é de se descartar, se for tomada com lucidez: mesmo que eu não seja realmente enganado, isso pode vir a me trazer momentos bem agradáveis.

— *Dizem que o tempo passa cada vez mais rápido à medida que envelhecemos. Isso não nos ajuda.*

— Só posso falar do que eu vivi e do que os outros me dizem: de fato, o tempo se acelera. Na infância, nossas férias pareciam intermináveis. Quando nos diziam: "Você vai ganhar uma bicicleta no ano que vem", era como se ela nos estivesse sendo recusada para sempre. Uma hora de espera parecia um século e nos fazia morrer de tédio. Quarenta anos depois, quando olho para trás, digo a mim mesmo: "Mas isso foi ontem!" Vinte anos é algo que passa muito rápido (a não ser quando se está na prisão). Na infância, somos muito menos solicitados, temos menos bolas para os lances e, por isso, o tempo nos parece escoar lentamente. Depois sobrevêm as ocupações, os contatos, e o tempo vai se tornando fugaz, temos seguidamente a impressão de não ter tempo para nada. No entanto, continuamos todos dispondo a cada dia das mesmas 24 horas. Na realidade, é nossa percepção que varia de acordo com nossa maneira de preenchê-las. Com a idade, o tempo parece tornar-se mais curto porque gostaríamos de preenchê-lo com inúmeras coisas, já que o horizonte está se tornando mais próximo. Quando adolescente, eu tive a chance de descobrir pela primeira vez a América ao chegar a Nova York de navio. Meus pais me haviam dito: "Você vai ver, às 6h da manhã você vai ver, de longe, a estátua da Liberdade..." Aos 15 anos isso era uma emoção e tanto. Hoje, é a imagem da Dama da Foice que eu diviso em meio à bruma... A uma mulher que lhe dizia "Ah! Mestre, eu sei que seus minutos são preciosos!", Sacha Guitry, já idoso, respondeu: "Não, minha senhora, eles são contados!"

Inventar um sentido para a própria vida

— *Já que, ao chegar a essa nova idade, os minutos passam a ser, de fato, contados, deveríamos, então, fazer de tudo para enriquecê-los.*

— Exatamente. A má notícia é que, acima de uma certa idade, não nos resta mais muito tempo. A boa notícia é que esse tempo pode ser muito gostoso. É por isso que é preciso saber valorizar cada hora, apreciar sua densidade e seu valor, como fazemos com nossas últimas jogadas em um cassino. Nossa sensibilidade à duração do tempo deveria tornar-se mais aguda com a longevidade: ou seja, o tempo é nosso sexto sentido. É claro que estou falando como sexagenário e não como octogenário. Mas sei que isso vai mudar. Aos 80 anos, será que contamos os dias e as horas? Quanto mais o horizonte se aproxima, mais temos que aceitar sua presença no cotidiano.

— *Mas, por que essa obstinação em vivermos mais tempo? Com que objetivo, afinal?*

— É esta, realmente, a questão mais importante: que sentido dar a essa nova idade? Ora, cabe a nós inventá-lo! Em nossa vida, há uma idade para nos desenvolvermos, uma idade para estudar, uma idade para procriar, uma idade para trabalhar... Todos nós seguimos mais ou menos as mesmas fases no decorrer da existência. Mas, ao chegarmos à velhice, atingimos algo inédito: reencontramos uma espécie de independência, como que uma libertação última. Mas, na realidade, para fazer o quê? Cabe a nós dar um sentido a essa vida a mais que ganhamos. Não podemos justificá-la apenas com a vontade de durar o máximo de tempo possível.

— *Mas, então, para quê?*

— Precisamos de alguma coisa que venha de nossa vida interior, de nossa auto-estima, ou do amor aos outros. Essa nova idade é também o momento de nos determos em questões filosóficas e espirituais: a quanto de egocentrismo eu agora tenho direito sem com isso me fechar em mim mesmo? Será que posso descobrir em mim novos talentos, novos desejos? Que atividades me é permitido ainda descobrir? Será que não é este o momento de me tornar mais disponível para os outros? Como na adolescência, o leque de possibilidades se amplia, o horizonte novamente se abre. É claro que nem todos se sentirão tentados a fazer uma volta ao mundo em um barco a vela. Mas, desde que não nos sintamos presos ao chão por uma doença ou por alguma dor psíquica, e na medida em que possamos dispor de uma liberdade de ação física e financeira, há toda uma multidão de pequenos desafios que podemos enfrentar. Eu me lembro de um tio meu que, na década de 1950, já bem perto dos 80 anos, ainda dirigia seu carro, para espanto de seus familiares. "Mas, por que você continua a dirigir?" Não se faz mais isso na sua idade!", diziam a ele. Como única resposta ele solicitou ao departamento de trânsito uma carteira de habilitação para ser motorista de ônibus!

CAPÍTULO 5

Aos olhos dos outros

Somos velhos porque os outros decidiram que devemos ser velhos. Mas podemos tentar convencê-los do contrário. Um pequeno guia para viver mais tempo e sermos menos velhos do que aparentamos.

Declaração de independência

— *Para viver bem essa nova idade é, então, evidente que não devemos ser excessivamente tributários do exterior. A independência é, realmente, o elemento-chave de nosso* kit *da longa vida, não é?*

— Sem sombra de dúvida. Em primeiro lugar, a independência física: poder alimentar-se, movimentar-se, gerenciar a própria casa... Essas aptidões fundamentais parecem ocorrer naturalmente até o dia em que, subitamente, uma escada de 10 degraus surge como um obstáculo... A outra independência necessária é, sem dúvida, a financeira: é importante não precisar de ninguém para prover suas necessidades. Uma geração atrás, a única pergunta que se pensava em fazer a minha avó materna, depois que passou dos 60 anos, era com qual de suas duas filhas ela iria morar. É que então não se imaginava sequer outra solução para as pessoas de mais idade. Nos filmes dos anos 1950, a imagem do velho era encarnada por um Jean Gabin patriarcal, sentado à cabeceira da mesa da fazenda, reclamando. As coisas mudaram muito desde então. A medicina fez progressos, as aposentadorias atingiram um nível satisfatório, desde que se tenha sabido gerenciar a própria carreira (o que, até o momento, é mais verdade para os homens do que para as mulheres). Atualmente, são mais numerosos os idosos que nos dizem com uma ponta de orgulho: "Eu pelo menos não preciso pedir dinheiro a meus filhos!" É raro, mas não é algo excepcional, ver mulheres de 90 anos morando sozinhas e querendo, a todo custo, manter-se financeira e fisicamente independentes. E essa proporção tende a crescer nos próximos 10 ou 20 anos, quando os *baby-boomers*, cuja aposentadoria será mais substancial, entrarem em sua quarta idade.

— *A independência financeira das mulheres cresceu imensamente em algumas décadas, no essencial porque, graças à contracepção, elas não ficam mais esmagadas com o encargo de um grande número de filhos e muitas vezes têm também um emprego. Mas algumas delas, viúvas ou divorciadas, que não trabalharam o tempo suficiente para a aposentadoria, estão se vendo penalizadas e em situação muito difícil.*

— De fato, existe ainda uma grande precariedade. É por isso que a independência deve ser uma preocupação ao longo de toda a vida, assim como o bom estado do corpo, para evitar encontrar-se, um dia, como a cigarra, desprovida de todo o necessário. Eu considero muito preocupante, hoje, ver jovens entrarem na vida ativa ocupando empregos precários, que os farão perder cinco ou 10 anos na constituição de uma aposentadoria digna. As conseqüências da crise de emprego [na França] vão nos perturbar ainda durante muito tempo. A autonomia afetiva é ainda mais aleatória. Tudo depende do contexto familiar. Chega-se a essa nova idade solitário ou tendo companhia? Se o casal se mantém, a união é agradável ou sufocante? Há, em todos os casos, uma parcela de sorte sobre a qual nada se pode fazer. Nem todo mundo envelhece generoso ou gentil. E as degradações da saúde de um são, por vezes, difíceis de ser vividas pelo outro. Uma de minhas amigas, de 70 anos de idade, está vendo sua velhice passar como enfermeira, pois seu marido está sofrendo de uma doença degenerativa de progressão lenta.

— *Você falou em independência afetiva. Mas o que entende por isso?*

— Para as pessoas idosas, os laços familiares adquirem uma importância fundamental. Muitas vezes elas depositam nos mais jovens, em seus filhos e netos, ou sobrinhos e sobrinhas, uma expectativa um tanto pesada. Exigem cada vez mais demonstrações de atenção, sem compreender que eles vivem em outro universo, no qual são já solicitados de todos os lados. O pior é quando começam a fazer uma contabilidade afetiva: "Já faz uma semana que você não me telefona... Você nunca vem me ver..." Quando amamos não contabilizamos. Mas nem sempre podemos impedir que o façam.

Um egoísmo moderado

— *Como, então, nos comportarmos em relação aos outros?*

—A melhor solução seria permanecermos desejáveis. Mesmo que não mais do ponto de vista sexual, porém adotando um comportamento que faça com que os outros tenham vontade de estar conosco. No entanto, mesmo buscando esse contato com os outros, é melhor não esperar demasiado dele. É um terno realismo o que devemos manter. Não nos tornemos mais vulneráveis ainda às contrariedades. Os outros não são diferentes de nós, eles se interessam, em primeiro lugar, por eles próprios. E uma das necessidades que temos, com o passar dos anos, é a de não esquecermos de nós mesmos. Na relação de casal, nas amizades, em família, o principal presente que os outros podem nos dar é sua presença e sua vitalidade. Sem exigirmos que, além disso, sejam solícitos, que nos compreendam, pois corremos o risco de ficar decepcionados.

— *Seria preferível, então, interessar-nos pelos outros mais do que esperar demasiado deles?*

—Isso faz parte, também, das evidências mal compreendidas. Dar-se é também uma forma de presente que damos a nós mesmos. Mas, o que é mais interessante, é que eu posso *me dar* e continuar a ser uma pessoa cada vez mais rica. O que é algo que pode transparecer em um olhar, um sorriso, uma voz gentil ao telefone. Cabe a nós agir de maneira que as pessoas tenham prazer em nos ouvir, em nos encontrar, em se comunicar conosco. Mas isso supõe uma espécie de disciplina. Um exemplo: muitas vezes, quando uma pessoa está em uma fila de espera, ou diante de um guichê, ela muda de comportamento, irrita-se por qualquer coisa, mostra-se desagradável. Abrandemo-nos! Não é pelo fato de sermos anônimos em algum lugar que temos o direito de nos tornar rabugentos.

— *Isso significa que a longevidade implica ter um olhar mais terno, mais tolerante, sobre o mundo e os outros?*

— Ou melhor, um olhar realista. Não precisamos morrer de amores por todo mundo, apenas falar mais gentilmente com o homem da feira. Se eu conseguir fazer isso, será bom para mim também! Eu me sentirei melhor se adotar essa atitude. E aumentarei minhas possibilidades de receber o mesmo em troca. Algumas pessoas idosas sabem dosar muito bem essa alquimia, elas, por instinto, sabem ser agradáveis. Muitas vezes seus netos criam uma relação de muito apego com elas, que pode vir a ser até melhor que com os próprios pais, porque suas demonstrações de autoridade são menores. Mas nisso também nos deparamos com um paradoxo: temos o maior interesse em nos tornarmos disponíveis para os outros, mas permanecendo independentes deles, pois, não raro, alguns usam nossa generosidade e depois passam a nos ignorar. É mais um domínio em que a busca de um bom equilíbrio é delicada e cotidiana.

— *Isso exige lucidez e uma consciência séria dos próprios limites, para não cair em um egocentrismo insuportável, que afastaria os outros.*

— A inteligência da longevidade consiste em perceber, a cada momento, até onde se pode ir para cuidar de si mesmo sem se tornar insuportável. É uma questão que surge a cada detalhe do cotidiano. Infelizmente, o velho, por vezes, tem propensão a irritar os outros, pois ele é uma amostra daquilo que em breve os aguardará. É injusto, mas é o que acontece. Portanto, paremos de nos queixar e tornemo-nos aceitáveis. E continuemos a olhar um pouco além de nosso círculo imediato. O ideal é encontrar ou manter outras redes de relações: uma associação, amizades, atividades organizadas. Evidentemente, não é algo tentador nos encontrarmos entre desconhecidos com os quais temos apenas uma coisa em comum: a idade. Pois o que neles vemos pode nos fazer lembrar de nossa própria limitação.

— *Alguns sexagenários cultivam sem o menor escrúpulo seu egocentrismo.*

— Há quem fale até de um novo modelo: os *baby-boomers no savings*, isto é, os de mais de 60 anos que resolvem "se esbaldar" e não dão a mínima para o resto. Eles não querem virar babás dos netos, viajam em grupo e acabam com todas as suas economias sem se preocupar em deixar um tostão de herança. Será isso condenável? Os avós que são seguidamente solicitados acabam se revoltando. É comum ver jovens adultos tratando seus pais como se fossem prestadores de serviços gratuitos. É legítimo que eles, em dado momento, dêem um basta e ousem dizer: "Não, obrigado!" A longevidade em boa forma vem acompanhada de novos direitos.

Diga, espelho meu...

— *Sonhemos, então, com mais tolerância, um espírito mais aberto, maior conhecimento de nós mesmos... Isso exige uma grande capacidade de adaptação. Porém, dizem que aos 70 anos ninguém muda mais!*

— É uma idéia falsa e nociva. O fracasso nas relações não é uma fatalidade aos 70 anos. Mas, se for preciso remediá-lo, temos que dar uma sacudidela em nós mesmos. É uma tolice pensar que, depois de uma certa idade, temos direito a uma consideração geral, ao respeito universal e ao amor de todos. Temos direito à aposentadoria, à segurança material, o que não é pouco. Mas, quanto ao resto, temos que continuar a pedalar! É preferível cultivar um egoísmo moderado, mantendo sempre em mente algo evidente: se eu não der atenção a mim mesmo, ninguém fará isso melhor do que eu!

— *No entanto, acho que nos tornamos mais sensíveis ao olhar dos outros.*

— Ficamos mais sensíveis a nosso próprio olhar, ao que o espelho nos diz! E mesmo que não percebamos as diferenças no dia-a-dia, fotos antigas vão estar ali para lembrá-las. Oscilamos, então, entre duas atitudes: aceitar estoicamente o julgamento dos outros, ou fazer tudo que pudermos para torná-lo mais indulgente, cuidando, em primeiro lugar, de nosso aspecto físico. Eu fico chocado quando vejo pessoas se caracterizando como velhos, se vestindo como velhos, andando como velhos, olhando tudo como velhos. Ou engordando e ficando flácidos, exibindo uma atitude de abandono de si mesmo. Nada os obriga a ter essa atitude.

— *Então seria preciso resistir nesse sentido também?*

— Estou convencido disso! A longevidade é também uma arte de viver, a busca de um estilo. Falam-nos sempre em valores morais, em saúde, e esquecem a aparência. Ora, uma existência sem estética perde um de seus atrativos. Também nisso a escolha é nossa: a cada instante podemos optar por uma postura de alguém vivo (o que não quer dizer jovem) ou de alguém retirado de tudo. Pode nem sempre ser possível, mas pelo menos não deixemos de tentar.

— O que significa abandonar uma série de idéias preconcebidas com que se rotula a velhice: a austeridade, os cabelos grisalhos, as cores escuras...

— Quem quiser se vestir com cores vivas que se vista! Desde que isso fique bem para seu tipo. Há toda uma série de maneiras de ser elegante. A primeira é, certamente, a de nosso corpo. Um homem pode, sem problemas, usar roupas com cores à antiga se com isso valorizar sua silhueta. Mas se o corpo estiver deformado será difícil torná-lo novamente elegante. Por isso, mais uma vez, é importante um trabalho incessante, necessário para manter um corpo em forma, além da atenção à própria alimentação. Atualmente, um número crescente de homens e mulheres tem plena consciência disso. É óbvio que há um limite: mesmo quando temos a impressão de que estamos nos mantendo da melhor maneira possível, os outros vêem perfeitamente que não somos mais jovens. Por isso é preciso saber demarcar a fronteira do ridículo. Neste sentido, os conselhos dos que nos amam são preciosos e podem nos ajudar a não nos tornarmos patéticos.

O outono das mulheres

— E a não cair na ânsia das cirurgias plásticas, de que falamos com Joël de Rosnay.

— A busca frenética de juventude hoje em dia vem se manifestando desde os 30 anos, ou até mesmo desde a adolescência.

Tudo depende da importância que damos aos símbolos, à *performance* esportiva, no caso dos homens e à aparência física, no das mulheres. Certos homens querem manter sua capacidade física além do que seria razoável, algumas mulheres se vestem como garotas para tentar parecer as filhas.... Depois de uma certa idade, mesmo quando sabemos estar bem, não temos interesse em rivalizar com os mais jovens. O que, aliás, é muito bom! Esquecemos, às vezes, que eles nos invejam por razões outras, por exemplo, porque passamos a imagem de uma serenidade que é atraente. Mas, para evitar aqueles empecilhos, é bom ter ampliado o próprio campo de ação ou ter desenvolvido as próprias aptidões.

— *Neste sentido, há uma certa desigualdade entre os sexos. Em geral se é menos indulgente para com as mulheres do que para com os homens.*

— É verdade. Em matéria de sedução, os homens têm no outono a sua melhor fase, que no caso das mulheres é a primavera. Elas dependem mais de sua aparência física, e os sinais de envelhecimento aparecem mais cedo. Depois dos 55 anos, algumas delas cortam os cabelos, deixam que fiquem brancos e passam a usar *tailleurs*. Masculinizam-se. Outras sabem manter sua feminilidade por mais tempo. Mas é bom lembrar que, para Balzac, a mulher de 30 já estava entrando na rampa de descida. Atualmente, 30 anos é a idade do primeiro filho. Porém as mulheres, na verdade, têm que apelar mais rapidamente para outros recursos. E neste sentido elas levam vantagem: estão mais atentas que os homens aos sinais de vitalidade em suas relações com os outros e à escuta do próprio corpo. Muitas mulheres dão testemunho de que, depois dos 50, uma vez superado o choque da menopausa, elas se sentem melhores do que nunca.

— *Porém as mulheres devem sentir mais do que os homens a contradição de que você falou: a sensação de serem ainda jovens embora a sociedade as classifique entre os idosos.*

— A sociedade contemporânea já absorveu o fato de que as mulheres não estão mais confinadas exclusivamente no campo da sedução. Na realidade, as mulheres *baby-boomers* descobriram a longevidade no momento em que seu papel social se ampliou e ganhou reconhecimento. Por isso entraram nela com um estado de espírito diferente e iniciaram uma "segunda vida", como disse minha irmã Christiane Collange em seu último livro. Mais próximas da vida, mais conscientes de ter vida ainda por mais tempo, elas atingem esse período na plena posse de seus recursos.

— *Se elas não se deixarem paralisar pela solidão, que é mais freqüente entre as mulheres que entre os homens.*

— Não é raro que, ao chegarem a essa fase, as mulheres que se tornaram solitárias continuem a sê-lo. Os homens, de sua parte, reconstituem muitas vezes um casal. A defasagem é essa. Elas vivem mais tempo e ficam sozinhas mais cedo. Será que elas são mais exigentes e menos dispostas a aceitar qualquer companheiro, ao acaso? A solidão às vezes é também uma escolha. Sozinha, mas livre, é uma solução feminina, ao passo que os homens quase sempre tentam reviver uma vida a dois após uma separação ou uma viuvez.

Da sedução aos atrativos

— *Na realidade, o importante, à medida que se mergulha nessa nova idade, é aceitar que já não se faz parte do mercado da sedução.*

— Sim, mas nem por isso se tem de se sentar com os velhos, à cabeceira de uma enorme mesa, como na fazenda, e caracterizar-se como um patriarca, "sozinho, mas em paz", como cantava Léo Ferré. Isso também é uma escolha. Continuar, então, com o jogo da sedução? Não seria ridículo depois de uma certa idade? Sim, mas de que idade? Vamos ver... No caso do homem, eu acho que os esforços no sentido de permanecerem "consumíveis" correspondem, simplesmente, ao que nos mantém indo em frente em boa forma. Não importa se esses esforços são ou não bem-sucedidos. Seduzir pode continuar sendo um dos meios mais simples de resistir. A sedução aqui não é uma fraqueza (aliás, somos também modelados por nossas fraquezas). Não há razão para se chegar a abjurar a tentação de ter charme, desde que se evite cair no ridículo. O que importa é simplesmente continuar sendo uma pessoa interessante para os outros, *atraente* como amigo, como parceiro, como interlocutor, como membro de um grupo. E não apenas como amante. O objetivo é manter o contato, manter-se em sintonia com as outras gerações. No meu caso, a maior parte de meus colaboradores tem a idade de meus filhos, e em breve terá a de meus netos. Mas a "sedução", em relação a eles, visa a poder permanecer no papel de chefe da equipe operacional e evitar o de patriarca respeitado por sua experiência, mas já um tanto defasado. Se isso é sedução, acho bom mantê-la pelo máximo de tempo possível.

— Não basta ser atraente e fazer tudo para manter uma forma de sedução que não seja provocante nem pesada. Mas é preciso que os outros se mostrem sensíveis a ela. Senão, vão lhe dizer: "Veja, senhor, não se tem mais respeito para com os mais velhos!"

—Antigamente, o que os anciãos perdiam em vitalidade e em atrativos ganhavam em consideração. Não é mais este o caso. Jovens chineses me disseram que, mesmo no país de Confúcio, o respeito pelos anciãos começa a ser agressivamente contestado pelos adolescentes, que vêem nisso uma forma de tirania. Nos países ocidentais não podemos mais voltar-nos para nossos descendentes e dizer-lhes: "Você está me devendo tal coisa." Essa idéia de *dever* tornou-se insuportável. Há quem fique feliz quando se sente tolerado! Mas é exatamente por essa razão que, tendo sido privadas do reconhecimento dos mais jovens, as pessoas idosas têm que se esforçar para ser amáveis. É o único recurso que lhes resta para manterem o contato. O poder de atração faz parte do *kit* de sobrevivência. Que varia, evidentemente, se estamos diante de crianças de 10 anos, de jovens adultos de 30 anos ou de pessoas da mesma idade.

— Ou seja, as pessoas idosas se vêem obrigadas a seduzir de outra maneira.

— É uma obrigação sadia, porque dá sentido às coisas. Vamos exemplificar com um ato bem simples: a leitura de um jornal. É possível que, a partir de determinada idade, nosso interesse pelo que acontece no planeta se restrinja. Dizemos a nós mesmos: de que adianta preocupar-nos com tudo isso? Eu estou aposentado, minha situação está estabilizada, por que não vou me dedicar apenas a cultivar rosas? No entanto, há uma razão muito verdadeira e válida: porque os mais jovens, de sua parte, são obrigados a se preocupar com o que acontece no mundo. E os idosos que não perderam o contato com a atualidade, que podem falar de assuntos variados, tornam-se mais procurados. Se quisermos manter-nos, de maneira natural, em contato com os outros, temos de partilhar, o mais possível, do mesmo universo que eles. Eu preferiria perder uma parte de minhas capacidades físicas, e até me ver numa cadeira de rodas, a perder o contato intelectual e afetivo com meus semelhantes.

Continuar vivos

— *"Ele é velho, mas tem uma cabeça jovem", ouvimos dizer muitas vezes.*

— Não se trata de permanecer jovem, que isso é uma pretensão idiota, e sim de permanecer *vivo*! O charme nessa idade não vem da maciez da pele ou da força dos músculos, e sim da vitalidade. Qualquer que seja sua idade, há os que são mais vivos e os que são menos vivos! Ser vivo é ser curioso, interessado, dinâmico, estar em movimento; é ter empatia, ter presença de espírito; é manter a capacidade de fazer os outros rirem... Tudo isso nos leva naquele sentido que faz bem, tanto a nós mesmos quanto aos outros. Mesmo que nosso aspecto se deteriore, será que podemos manter um olhar vivo? Enquanto tivermos condições, por que não continuarmos a correr? Assim vai se afirmando cada vez mais um modelo de homem ou de mulher idosos e ativos. Veja o caso de Robert Redford, Clint Eastwood, Philippe Noiret... Ou de Line Renaud, Jeanne Moreau, Lauren Bacall, Sophia Loren, Raquel

Welch... Essas mulheres são realmente sedutoras e têm uma personalidade marcante. Por quê? Porque não se deixaram cair no ridículo. Não ficaram tentando ser jovens, e sim alegres, presentes, interessantes!

— *Estamos, portanto, bem longe do modelo do velho ranzinza ou da velha bruxa. Mas também longe da imagem do sábio, daquele que, segundo o estereótipo, dizem ter-se retirado do mundo para meditar em paz. Yoda, de* Guerra nas estrelas, *o ancião eterno, detentor de todos os saberes, que vive em um planeta solitário, mas a quem vêm consultar de todos os pontos da galáxia, já é um modelo ultrapassado.*

— É uma imagem antiga, herdada da cultura oriental e de nosso folcore: a do sábio sentado em posição de lótus, conservando certa imponência física, um corpo são, provavelmente uma barba branca para marcar seu *status*, e que espalha a seu redor uma suave aura de tranquilidade. Pode parecer tentadora essa sabedoria ascética, em que se necessita cada vez de menos coisas, em que se vive com muito pouco e pacificamente afastado de tudo para poder ficar em contemplação... Não desdenho essa figura, porque digo a mim mesmo que, quem sabe, um dia poderá me ser útil. Mas sei que a verdadeira sabedoria é inacessível. Todos aqueles que se dizem sábios demonstram, só com essa afirmação, não sê-lo. O ideal do sábio me parece fora do alcance da maior parte de nós. Mas nada nos impede de escolher caminhar neste sentido.

— *Jacques Lacarrière me contou, um dia, como um monge do monte Athos, que vivia como eremita em sua caverna na encosta da falésia, fazia com que lhe enviassem alimento em uma cesta que subia pendurada em uma corda. Todos os meses, pelo mesmo meio, lhe enviavam um exemplar da* National Geographic. *Era sua forma de manter-se em contato.*

— Ou seja, ele não podia dispensar todo o mundo. Vemos, igualmente, certos lamas tibetanos, profetas da paz e do recolhimento, passarem de um avião para outro para fazer conferências no mundo inteiro! Não tenhamos ilusões excessivas com os nossos modelos!

Uma questão de atração!

— *"Cada ancião que morre é uma biblioteca que se queima", diz um provérbio. As pessoas idosas podem desempenhar o papel de reservatórios de saber em uma sociedade que cultiva o juvenilismo e a amnésia?*

— Toda pessoa de idade detém, ao que dizem, um conhecimento do passado que poderia ser transmitido aos mais jovens... Quando se acumulou muita experiência e riqueza interior, chega-se a uma idade em que se pensa poder transmitir isso a outrem. É difícil escapar da tentação de crer que o que foi por nós vivido é o rumo certo a ser seguido. Se isso fosse verdade, a história teria repetido sem cessar as mesmas receitas e não teria feito progressos. Quando começamos a ficar carregados de experiências não devemos deixar-nos levar pela ilusão — mais uma! — de crer que somos detentores de boas soluções ainda válidas para os dias de hoje.

— *Tudo depende do que entendemos por "progresso".* Não é exagero afirmar que existe um alicerce básico de saberes e de valores, independente do progresso científico, técnico e social, um conjunto comum de lições acumuladas no decorrer dos séculos que vale a pena cultivar.

— Consideremos o campo das relações humanas e afetivas que, na realidade, não flutua ao sabor do progresso. Ao longo da vida, todos nós passamos por dificuldades, por fracassos, por vitórias; todos nós temos nossas cicatrizes. A seguir vêm nossos filhos, que entram na idade madura e começam a descobrir, por sua vez, os altos e baixos de suas relações com os outros. Embora tenhamos a impressão de que as dificuldades por que passam são semelhantes às que vivemos, vemos que não é fácil aconselhá-los, e que há limites para o que podemos lhes transmitir. Muitas vezes eles reagem de maneira negativa: "O que é que você sabe disso? Você não está no meu lugar. E além disso eu sou eu." Querendo a todo custo ajudá-los, muitas vezes somos mal compreendidos e nos arriscamos a estragar as preciosas relações que tecemos com eles.

— *Mas deixar que eles quebrem a cara sem mostrar qualquer reação também é algo que não satisfaz. Como já vivemos um pouco mais, sabemos discernir melhor a personalidade dos outros, somos mais perspicazes, menos crédulos...*

— Ver os que nos são próximos quebrarem a cara é algo que dá um aperto no coração. Mas precisamos dar provas de um pouco mais de sagacidade nessa questão, ou seja, evitar agir como um velho chato: "Eu tenho mais experiência que você, conheço o mundo e a vida, já era tempo de você ter consciência disso." Isso não funciona! Esse tipo de intervencionismo será, inevitavelmente, rejeitado. Nosso conhecimento não basta, é preciso saber apresentá-lo com habilidade, usando, se necessário, a metáfora, um caso pitoresco, uma lembrança, o questionamento e, acima de tudo, o senso de humor... Depois de chegarmos a uma certa idade, deveríamos fazer todos os esforços no sentido de evitar que aqueles que vêm falar conosco já saibam de antemão o que vamos dizer. Mais uma vez, mantenhamos nosso poder de sedução, sendo, para tal, um tanto inesperados, imaginativos!

— Embora não se deva impor uma visão de mundo, não seria pelo menos importante transmitir uma memória familiar?

— Atualmente, a questão da família vem assumindo grande importância na psicologia das pessoas de nossa idade. Não é o que acontecia 20 anos atrás. Os franceses estão hoje colocando a família em posição de destaque entre suas fontes de satisfação, até mesmo acima de sua carreira. A família está ficando quase que sozinha no lugar que antes ocupavam a nação, a Igreja, o partido, a ideologia. Como hoje em dia não sobra muito mais que esse laço natural, temos, então, tendência a supervalorizá-lo ou a tomá-lo como tábua de salvação. Os mais velhos podem vir a desenvolver seus talentos como contadores de histórias. Em nossa família, criamos um *site* para trocar nossas histórias. Cada um pode ser solicitado a nele escrever um texto ou acrescentar uma notícia a seu respeito. É um jogo como qualquer outro... Acaba chegando uma idade em que ficamos sendo um dos últimos a saber de certos acontecimentos de nosso passado comum. Isso nos dá um poder inesperado: pode até chegar a vir à tona uma tentação perversa de contar o que nos der na cabeça, porque ninguém poderá vir contradizer-nos!

Casais em águas turbulentas

— *Algumas pessoas têm a chance de atingir essa nova idade a dois. Mas, nesse caso, as relações são particularmente delicadas.*

— Como no caso do indivíduo, o casal deve ser igualmente objeto de uma gestão cotidiana e de cuidados permanentes. No decurso das últimas décadas, o modelo de casal mudou. Uma série de pessoas vive a nova idade com alguém que não conheceu todos os períodos anteriores de sua existência e com quem não tem, portanto, um passado em comum. O confronto com a vida anterior do outro pode, então, revelar-se uma fonte de aborrecimentos. O que vemos no modelo dominante é que, em geral, a paixão costuma arrefecer ao final de um certo tempo e ambos se contentam em coabitar como bons amigos e, eventualmente, ter um amante fora. É possível. Será que é preciso se resignar a isso? Ou podemos esperar um casal "vivo" que continue se expandindo na longevidade? Felizmente, isso não é em absoluto impossível. Mas também quando se vive a dois os perigos da nova idade aumentam.

— *As vantagens também.*

— Realmente. Pois a principal aresta dessa fase última da vida é, apesar de tudo, a solidão. A relação a dois pode se tornar ainda mais essencial, pois pode se reforçar, tornando-se um dos pilares de uma longevidade feliz. Tomar seu café-da-manhã a dois torna-se um privilégio ao sabor da idade. Fazer o mesmo com alguém com quem nos sentimos à vontade e vivendo uma relação descomprometida pode ser uma boa providência. Seja qual for a duração da existência, o casal só pode funcionar quando se tem consciência de que ele deve ser reinventado a cada dia. Quando se considera o outro um objeto já adquirido, arriscamo-nos a que ele pense da mesma forma em relação a nós, que também nos dê menos atenção, o que rapidamente torna a convivência um tanto tediosa. Também aqui constatamos que a longevidade é um período perigoso, e, por isso mesmo, cheio de interesse.

— *De fato, não é raro vermos casais idosos irritadiços, brigando por toda e qualquer coisinha, dirigindo censuras ao outro sempre que algo dá margem a isso, e que, visivelmente, têm muita dificuldade de se tolerar mutuamente.*

— Com a idade, a irritação fica à espreita e abismos podem se cavar. Mas, se o casal conviveu bem em determinado momento, por que a relação se degrada? A causa está, muitas vezes, na transformação física, que é mal aceita, pois a sexualidade poderia continuar sendo um elo de ligação nessa idade, como em períodos anteriores. Ora, se há um domínio em que o declínio é previsível, é esse. Hoje, mesmo alguns casais jovens acreditam que o desejo não continua existindo depois de três anos. Outros falam em nove anos. Mas, o que acontece ao cabo de 20, 30 ou 40 anos? Sejamos honestos: não sabemos! Uma coisa parece certa: o desejo permanece em nós por muito mais tempo do que acreditamos! Ouvindo os testemunhos de pessoas mais velhas que eu, deparei com declarações contraditórias. Umas dizem: "Acabou! Mas, mesmo assim, continuamos vivendo bem." Outras, ao contrário, declaram: "Não vou renunciar ao desejo, ele é muito importante!" Neste sentido, os que estão atingido a nova idade são igualmente pioneiros. Mesmo que a sexualidade dos velhos pareça escandalosa, ou até obscena, aos mais jovens. No filme dos irmãos Taviani, *A Noite de São Lourenço*, um velho e uma velha se encontram, por ocasião de uma migração, em um mesmo aposento e fazem amor. Foi preciso todo o talento dos irmãos cineastas para essa cena ser bela e aceitável. As imagens de semelhante sexualidade como uma sexualidade feliz são ainda polêmicas.

O eterno desejo

— Então é preciso falar mais nisso.

— Ou pelo menos abordar essa questão sem complexos e falsos pudores. Na realidade, parece que em matéria de sexualidade tudo e mais alguma coisa é possível. Simone de Beauvoir escreve, em "sua velhice", que quando passeava por um caminho montanhoso lhe sobreveio um pensamento assustador: "Não vou mais ter um homem!" Alguém pode um dia vir a dizer algo semelhante, mas será que não o está dizendo antes do tempo? Como prova de vida nada é mais eficaz do que o desejo; portanto, apeguemo-nos a ele! Em uma relação de casal, se mantivermos uma sexualidade viva, isso significa que acabamos fazendo amor com uma pessoa igualmente idosa. E nos perguntamos por que tal idéia antes nos perturbava. Longe de mim a idéia de escrever o kamasutra da terceira idade, mas é indubitável que há truques que permitem manter o desejo! Por exemplo, o enfraquecimento da visão com a idade não é desprovido de vantagens: você tira os óculos e as rugas do outro somem... Sim, com o tempo é possível encontrar meios de manter vivas as sensações! O que se opõe ao desejo é a atitude de pouco caso na intimidade: alguém se exibir com trajes ou atitudes pouco estéticas que o tornem menos desejável (o que vale também para quando se tem 30 anos). É preciso ficar ainda mais atento ao que pode causar rejeição. Olhemos para o outro em momentos em que isso possa lhe ser favorável. E cultivemos o orgulho de manter viva a chama que nos tinha sido dada como efêmera: como os coelhinhos da propaganda, podemos continuar a tocar o tambor por muito mais tempo do que acreditávamos. Uma de minhas amigas, sexóloga respeitada, me confirmou recentemente que o *"use it or lose it"* dos americanos é uma verdade.

— *Use-o ou esqueça que ele existe! Em outros termos, o sexo só acaba quando não o usamos mais.*

— Exatamente. Dizem que um homem que não tem relações sexuais durante 6 meses levará um tempo antes de poder fazê-lo de novo. Parece que as coisas não deslancham imediatamente e sem dificuldades... A renúncia à sexualidade, ou a perda das próprias aptidões sexuais devido a problemas de próstata, por exemplo, provavelmente marcam a entrada do homem na velhice: alguma coisa de irreversível se produz, no caso. Mas, a não ser que haja um acidente de saúde, ela cessa muito mais tarde do que a maioria de nós supõe. Quando, no século XVIII, perguntaram à princesa Palatine em que idade o desejo desaparecia, ela respondeu: "Como posso saber? Eu só tenho 80 anos!" Pode ser que ele não acabe nunca. Além disso, há ainda toda uma gama de sensações e de contatos a serem descobertos... Nem que seja o de se sentir próximo do outro, de dormir juntos, de enroscar-se um no outro. Por que não continuar a cultivar com ternura essa volúpia?

— *Ou encontrar outras formas para ela?*

— É a entrega o que se busca na sexualidade, é essa necessidade de se encontrar em uma espécie de estado animal gozoso e energizante, esquecendo por um momento nosso cerebralismo. Se aceitarmos a definição de Freud, a libido se estende a tudo que pode nos dar prazer e uma sensação de vitalidade. O campo é, portanto, bem vasto. Por exemplo, algo que pode estar ao alcance de todos até o fim é a relação com a luz. Nós compartilhamos com os pequenos pássaros um sentimento de euforia quando o sol desponta, quando sentimos seu calor sobre nossa pele. É um dos prazeres mais simples e que podemos sentir até o final da vida.

— *Fundir-se com a natureza, reencontrar sua condição de* Homo sapiens, *seria esta a sensualidade de uma idade bem adiantada?*

— Por que não? Uma das coisas que o envelhecer impõe é a de nos satisfazermos com menos coisas e coisas mais simples. As solicitações e as ocasiões vão se restringindo com o tempo, passamos a ter menos contatos, menos atividades, menos capacidade física. É preciso descobrir outros prazeres cotidianos em uma disponibilidade menor, passar da voracidade à degustação. Portanto, concentremo-nos no que está a nosso dispor e, em primeiro lugar, na natureza: o ar fresco no rosto, a beleza da vegetação, os sons em torno de nós... Tantas experiências sensoriais possíveis. O dia em que eu estiver bem velhinho, se eu puder me sentar em um banco, ao sol, com uma tigela de sopa, talvez eu continue dizendo a mim mesmo que a vida vale a pena ser vivida!

CAPÍTULO 6

Vida longa para mim!

Envelhecer é assumir a resistência. Lutar contra o destino, mesmo sabendo que ao final sairemos perdedores, vem a ser uma arte. E pode ser também uma filosofia.

Mais com menos

— A longevidade exige a invenção de novas relações com os outros e com o mundo. Mas o interlocutor mais exigente de toda essa história é o próprio Eu. Você estava dizendo que o mais importante é descobrir um novo sentido para a própria vida.

— A longevidade nos coloca novamente diante de nós mesmos e nos obriga a assumir plenamente nossa maneira de levar a vida. O tempo passa, de forma inexorável, e cada hora que passa nos pergunta: "Como você escolheu ser? Com que estado de espírito? Em que condições físicas?" Mais do que em qualquer outra etapa de nossa trajetória de vida, adquirimos consciência de que estamos sozinhos diante dessa responsabilidade, que ninguém vai cuidar dessa questão por nós. A experiência da longevidade recoloca em questão nossas relações, a imagem que temos de nós mesmos, nossa busca da atitude mais adequada e de nosso bem-estar.

— *Ufa! Não é realmente uma sinecura ficar velho!*

— Mas será que não é um trabalho que vale a pena? Diante da idade, antigamente, a atitude era de resignação. Ao atingir os 60 anos, todos davam provas de um certo fatalismo, achavam que não teriam mais muito controle sobre os acontecimentos por vir, diziam que cada dia a mais já era um ganho. E isso era passivamente aceito. Hoje, a diferença fundamental é que sabemos que é possível aumentar o número de nossos anos de vida e, o que acredito ser mais importante, viver mais felizes e em melhor forma do que antes. Essa perspectiva de longevidade nos leva a buscar uma nova harmonia, um equilíbrio entre o hedonismo e a disciplina. O realismo prima: cada um fica entregue a si mesmo, a seus recursos pessoais, a seus comportamentos cotidianos, para manter suas funções mais essenciais e íntimas. Diante da idade, não há mais nada de grandioso, de projetos enormes, de lideranças carismáticas! Há apenas o próprio Eu, em confronto com as grandes questões da existência. Em certo sentido, o envelhecimento efetua uma espécie de polimento dos comportamentos e das diferenças, antes da igualação absoluta da morte. Ele nos inclina à simplicidade e à humildade. Alguém pode achar que isso é decepcionante. Porém, para mim, é uma boa notícia.

— *Ainda assim é preciso querer dobrar-se a essa disciplina, a esse retorno a si mesmo que você recomenda!*

— Entre saber o que é preciso fazer e fazê-lo efetivamente há a famosa distância. Muitas pessoas experimentam um certo cansaço psicológico, pois, como diz Michel Onfray: "Envelhecer é ser menos." Menos capacidade, menos faculdades, menos tempo... O menos predominando em tudo! Com a idade, a capacidade se restringe, o número de horas de sono diminui, e precisamos preencher esse menos evitando o tédio e a morosidade. Encontrar, portanto, atividades substitutivas, experimentar nossas competências. Essa busca de novas curiosidades não é um fardo, ao contrário. Mas ela implica, por exemplo, encontrar interesse em coisas até então consideradas menores ou supérfluas.

Bela do Senhor

— *Voltar a estudar, por exemplo?*

— Ou, pelo menos, manter o próprio cérebro em atividade. "Construir, vá lá, mas nessa idade plantar!", diz La Fontaine.* Será que isso não tem uma conotação de aprendizagem, uma vez dobrado o cabo? Dizem-nos que não produzimos mais, que não contribuímos mais para a sociedade e que devemos contentar-nos em viver do que "armazenamos". Essa noção de "armazenar" pode ser correta no plano financeiro ou cultural, mas não o é, em absoluto, nos planos afetivo, energético ou intelectual. Surpreendemo-nos seguidamente quando percebemos a que ponto, exceto no que diz respeito a nossa reserva de recordações, não temos quase outras reservas: se não os conservarmos, nosso capital físico se estiolará rápido, nossa vitalidade estará ameaçada, assim como nossa rede de relações exige ser permanentemente alimentada... Na realidade, vivemos em um fluxo contínuo! Mais do que nunca é esse o momento de fazer novos investimentos. Não devemos

---

* Na fábula de La Fontaine, um octogenário está plantando uma árvore quando três rapazes da vizinhança se aproximam e zombam do velho, que provavelmente não chegará a ver os frutos do seu trabalho. O velho lhes responde que seus descendentes vão dever a ele a sombra dessa árvore. (N.E.)

ver esse período da vida como um declive, que não exige nosso pedalar. Ao contrário: estamos diante de uma subida! Manter-se em atividade exige um esforço constante.

— *Tudo bem, mas em que atividade?*

— Eu poderia dizer a mim mesmo: "Sabe que mais? Eu vou estudar matemática ou aprender a tocar violoncelo." Por que não? Mas o que eu iria fazer com isso no tempo que me resta de vida? Em um mundo cada vez mais complexo, estamos, quer queiramos, quer não, obrigados a nos atualizar, nem que seja para podermos nos servir dos modernos meios de comunicação e para manter-nos em contato com os outros. O dia que eu consegui consertar meu gravador, fiquei um bocado orgulhoso. Aprender não é apenas adquirir conhecimentos, é fazer funcionar o cérebro, é provar que continuamos vivos, e é também dar a si mesmo prazer com isso. Uma das maiores amarguras, reconhecida como tal, é a de chegar ao fim da vida e perceber que não se explorou todo o seu potencial. O ideal seria podermos dizer, como o título do livro de Jean Ferniot: "Eu bem que recomeçaria!" Tentemos estar preparados para morrer a qualquer hora, mas continuando a agir como se fôssemos eternos.

— *Já se disse que essa nova idade é uma ocasião de resgatar o não-vivido, de ler os livros que ainda não foram lidos, de visitar os países que nunca foram visitados, de aprender o que não se aprendeu...*

— De minha parte, tenho que confessar uma coisa: eu ainda não tive tempo de ler *Bela do Senhor*. Será que não é um livro que eu deva ler?

— *Com certeza! Albert Cohen estava com 73 anos quando publicou esse perturbador romance de juventude, um dos mais belos que já se escreveram sobre um casal. É, aliás, um exemplo magnífico de suas intenções.*

— Eu o estou guardando para mais tarde... No momento, minha tendência é de privilegiar tudo que eu possa aproveitar diretamente em minha própria vida e que me permita estabelecer trocas com os outros. Minha biblioteca está, por isso, cheia de obras que estou deixando guardadas. Como um esquilo, estou acumulando mais nozes do que sou capaz de consumir. Quando olho para eles, eu, ao mesmo tempo, sinto um desejo — queria que já estivesse chegando o momento de abri-los — e vivo uma renúncia — pois sei que não chegarei a ler todos eles. Quais são os que vou deixar de lado? No fundo, isso não tem a menor importância. É até possível que eu venha a morrer sem ter lido *Bela do Senhor*, e, se isso acontecer, azar!

As virtudes do esquecimento

— *Cultivar a memória: não é esta uma das obsessões dos idosos?*

— A memória, assim como a visão, tende a diminuir com a idade, mas, a não ser no caso do mal de Alzheimer, nada garante que ela se esgarce tanto quanto se diz. Pessoalmente, tenho a impressão de que nos últimos anos às vezes minha memória se mostra melhor do que antes. O jogo é todo no sentido de que pelo menos os que estão em torno percebam o menos possível quando ela falha. Além disso, a memória nos lança sobretudo no sentido do passado. Ela não é indispensável ao prazer de viver o momento. Há quem não se lembre mais de trechos inteiros da própria vida ou até de momentos que foram de grande importância para ele. Esse tipo de amnésia é uma deficiência grave ou uma bênção? Pode haver vantagens em não ter a mente sobrecarregada. Quando já se viveu muito, já se absorveram tantas imagens, tantas palavras, acontecimentos, encontros, que não seria possível manter todos eles em mente. Enquanto eu mantiver a curiosidade em relação às coisas da vida, vou preferir que meu disco rígido cerebral não fique saturado apenas com meu passado.

— *E como é que, no seu caso, você consegue isso?*

— Como minha memória nunca teve grande capacidade de armazenagem, eu sempre utilizei uma "prótese": eu tomo notas! Desde os 17 anos escrevo todos os dias em meu diário. E faço isso por uma questão de higiene, sem qualquer objetivo particular de conservação. É um modo de limpar meu dia: o que escrevo eu não preciso mais me preocupar em lembrar. Acho uma perda ver um dia de vida sumir sem deixar o menor traço. Cada dia é uma unidade de tempo e de vida únicos, que tem em si mesmo sua razão de ser e merece consideração. Quando releio as páginas escritas há 30 anos, algumas delas me recolocam, com a maior facilidade, na situação vivida; outras, ao contrário, não me dizem mais nada. Sabemos que é mais fácil memorizar o que provocou em nós uma emoção, e que o resto tende a se apagar. Quanto a meus "míseros segredinhos", como os chamava Malraux, o fato de registrá-los em meu diário talvez me tenha evitado o divã do analista.

— *Nem toda lembrança é necessariamente boa de ser guardada. O esquecimento tem suas virtudes quando, no decurso da vida, já enfrentamos muitos obstáculos.*

— Também acho. Quando perguntamos às pessoas se estão satisfeitas com a própria vida, a grande maioria responde que sim, independentemente do que viveram. Porque, mesmo quando tiveram mágoas, elas se lembram menos de suas desgraças do que do fato de terem conseguido sair delas. Nós temos tendência a embelezar o passado para aceitar melhor o presente. Aliás, para que serve uma terapia senão para nos livrar de algum coágulo da memória que continua a ser penoso para nós?

Por uma ética da longevidade

— *Nossa conversa está nos levando a tecer considerações filosóficas. Ouvindo você, poderíamos quase falar em uma ética da longevidade.*

— Para os filósofos, a ética é a maneira de se autogerir, uma escolha de atitudes e de relações com o mundo. De acordo com o sinólogo François Jullien, conceber a felicidade como um objetivo a ser atingido é uma noção ocidental, herdada do pensamento grego, e que é estranha à filosofia oriental. Para os chineses, viver já é uma circunstância excepcional. O melhor que eu posso fazer com a vida é tentar levar minha vitalidade a seu máximo, buscar intensificar tudo aquilo que vivo. É uma filosofia do momento. Nós, ocidentais, temos uma tendência excessiva a projetar-nos no futuro. O que nos torna menos abertos ao momento presente.

— *De fato, o presente não faz parte de nossos esforços.*

— Ele não é central para nós. Desde o período clássico, os grandes dramaturgos, como Racine e Corneille, nos habituaram a cultivar o passado. Só Molière estava de fato inserido no presente.

Ainda hoje, grande parte dos espetáculos são retrospectivos e evocam situações do passado. Em compensação, nossa maneira de ganhar a vida é toda ela voltada para o futuro: comparamos seguidamente nossos resultados atuais com os anteriores e com os objetivos que estabelecemos para nós. Entre nós o desempenho virou uma forma de vida. A longevidade exacerba essa tendência. Ao chegar a essa nova idade, a maioria das pessoas prefere parar sua caminhada em frente e voltar-se para a sociedade, para que ela lhes proporcione seus meios de subsistência. Afinal, dizem, nós tivemos descontos em nossos salários ao longo da vida para isso! Seria algo saudável recusar-se a essa forma de abandono.

— *Ou seja, resistir, ao mesmo tempo, ao processo individual de envelhecimento e à corrente dominante?*

— Viver a longevidade passou a ser assumir a resistência. Nessa etapa da vida, não buscamos mais superar-nos. O que ora importa é não ceder, não se entregar, enfrentar um adversário mais poderoso que nós e com o qual temos que ser astutos, opor-nos à corrente que pode nos carregar, e enquanto não o consegue, nos diminui. É uma aventura que exige envolvimento, energia, coragem, tenacidade e confiança. É preciso fincar o pé! E manter-se de pé! As estatísticas indicam que, na minha idade, eu já deveria estar me sentindo menos bem. Mostrar que elas são mentirosas pode ser pueril ou risível, mas se eu encontrar nisso uma satisfação, por momentânea que seja, por que não tentar? Quanto mais a minha idade avança, mais me importa a qualidade do meu tempo presente. Fazer de cada momento uma espécie de criação... Que não é nada em relação à duração do universo, evidentemente, mas que é algo que conta para mim e para tudo que me diz respeito.

A pequena estátua interior

— *A dignidade é uma palavra seguidamente mencionada quando se fala em velhice.*

— A dignidade pode ser resumida em uma única pergunta: o que é que deve permanecer humano em mim? O que eu devo cultivar para não ser relegado ao nível de escravo ou de objeto? Em dado momento, somos levados a dizer: "Não! Eu não posso deixar que façam isso comigo, não quero chegar a esse ponto, não vou aceitar ser assim ou me encontrar em tal situação." O que as pessoas de mais idade se empenham em manter a qualquer preço são esses sinais de dignidade. Caminhamos para a saída esforçando-nos em não dobrar a espinha... É assim que, a nossos próprios olhos, mesmo diminuídos, permanecemos vivos.

— *Em suma, trata-se de afirmar uma auto-estima verdadeira, de estimular a confiança que temos em nós mesmos, alimento raro e precioso para os tempos que correm...*

— Ou pelo menos lutar contra a tentação de se autodepreciar. Vendo nossas capacidades declinarem, podemos sentir-nos inclinados a dizer a nós mesmos: "Eu estou ficando velho, murcho, lento, ultrapassado..." É para evitar isso na "velhice jovem" — o momento em que nos tornamos socialmente velhos, mas permanecendo intimamente jovens — que é importante manter para si um fluxo contínuo de vida, de relacionamentos e de interesses. Quando surgem os sintomas físicos de envelhecimento, não podemos retocar a fachada indefinidamente. Mas mesmo com suas rachaduras, que seja, apesar de tudo, uma casa agradável de freqüentar. Tentemos manter-nos em movimento, mexer-nos, mexer-nos pelo máximo de tempo possível.

— *Ah, isso é fácil de dizer! Para isso é preciso saber o que somos. Nessa nova adolescência, a imagem que temos de nós mesmos, dada pela pequena estátua interior que nos serve de referência, pode se ver seriamente danificada.*

— Em várias épocas de nossa vida nos damos conta de até que ponto a imagem que temos de nós mesmos é falsa ou inadequada, e de como ela nos faz cometer asneiras. Com a idade, podemos realizar um balanço do que foi bem-sucedido e do que redundou em fracasso. Nesse momento já não se trata mais de impressões, e sim de fatos. Por exemplo, eu sei que, na juventude, posso ter sido uma pessoa de convivência difícil. Dizem-me que isso melhorou com o tempo, mas tenho consciência de que meu comportamento andou mais depressa do que a opinião que eu tinha a esse respeito: foram necessários 10 anos para eu me convencer de que finalmente estava me tornando mais amável! Demora, a confiança em si! Você tem razão, é difícil criar uma imagem que não oscile ao menor sopro de ar ou à primeira palavra hostil que semeie em nós a dúvida. Uma das riquezas que os 60 anos nos oferecem: tornamo-nos indiferentes a certas observações e mais atentos às que, menos numerosas, vêm dos que realmente nos importam. Podemos, então, tentar captar o que os outros parecem apreciar em nós ("O que há de bom em você é que...") e adequar-nos a esse reflexo: "Dizem que eu sou uma pessoa confiável e vou fazer um esforço para continuar sendo." "Dizem que sou atencioso para com os outros, eu vou ser ainda mais." Nossa pequena estátua interior, como você diz, não é necessariamente modelada pelo egoísmo ou pela fanfarronice.

Ela pode se alimentar de uma lucidez tranqüila, baseada na experiência, e de uma lucidez em relação a nossas qualidades e possibilidades, e não apenas a nossos defeitos.

Os treinadores da nova idade

— Tudo que você disse é, de certa forma, um estímulo a tornar-nos, se não sábios, pelo menos pessoas de bom senso. É muito bonito no papel, mas na realidade é algo difícil.

— Eu recomendo enfaticamente a vitalidade, mas também o realismo! Ao envelhecer não temos mais tanto tempo para nos enganarmos com histórias da carochinha! No decurso da vida, a não ser no caso de grandes tragédias, a maior parte de nossas mágoas vem das ilusões que tínhamos em relação a pessoas, coisas ou a nós mesmos. Decorrem, portanto, de uma falta de realismo. Tornar-se uma pessoa sensata, para mim, significa redobrar os esforços no sentido de levar em conta o real.

— Mas a realidade da velhice é, no final das contas, o corpo que se deteriora, a mente que trai e um pequeno ego que vai arrefecendo. Pelo menos é assim que a imaginamos. Olhar o próprio destino com realismo não é necessariamente algo jubiloso.

— O realismo não implica necessariamente o pessimismo ou a neurastenia. O que há de pior é que morremos. Uma vez admitido que a morte é uma certeza, o resto se torna menos penoso. Comparada com essa realidade, qualquer outra situação, mesmo a mais difícil, é pelo menos um fragmento de vida e, portanto, algo bom de se ter. Quanto mais a idade avança, mais forte se torna essa constatação: hoje eu ainda estou vivo! Mas, se eu passar esse novo dia me lamentando porque poucas pessoas me telefonam, vou me sentir realmente infeliz. Invoca-se a realidade como se fosse possível ter pleno acesso a ela. Ora, na prática, ela continua sendo subjetiva: está submetida à nossa interpretação, ela é apenas o que dela conseguimos perceber. É claro que, se eu ficar batendo a cabeça contra um bloco de granito, o choque da realidade vai se tornar bem concreto... Mas nossas aptidões e as atitudes dos outros são filtradas por nossas percepções subjetivas. O realismo consiste em diminuir o mais possível nossa parcela de subjetividade. Não precisamos de grandes meios para isso. Refletir sobre a própria vida continua sendo possível em toda parte e a todo momento. Mas precisamos nos empenhar no sentido de não nos deixarmos levar pelo blablablá dominante e os estereótipos que levam os idosos a se autodepreciarem. Eles se vêem confrontados com mensagens sociais que afirmam que seu estado nada tem de invejável. Vamos ver adiante, com François de Closets, que vai ser preciso, no entanto, que a sociedade mude de mentalidade, pois ela vai ser sacudida com a chegada dos pioneiros da nova idade.

— *Valeria a pena buscar alguma ajuda externa para navegar melhor em meio a esses escolhos?*

— Se alguém sentir necessidade disso, por que não? Também nesse caso cultiva-se muitas vezes o preconceito de que, depois dos 50 anos, não adianta mais fazer uma terapia baseada na palavra. Por que não imaginar uma ajuda para nossa passagem à longevidade, uma espécie de treinamento para a velhice? Assim como há psicólogos da adolescência, poderia haver gerontólogos do psiquismo. Antigamente eram os padres que tinham essa função: os velhos procuravam as igrejas para conversar e para se sentirem reassegurados. Hoje eles estão entregues a si mesmos. Nesse campo nós somos, de certo modo, *cavaleiros solitários*.

Aprender a morrer

— *Alguém pode lhe dizer: é muito bonita essa sua história, mas, no fim da viagem, além desses novos territórios conquistados para nós, no extremo oeste de nossa vida, está sempre o mesmo abismo: a morte, que nos espera e que não adia seus encontros. Como lidar com essa outra realidade?*

— "Filosofar é aprender a morrer", dizia Montaigne. É arriscado atingir a velhice sem ter lucidamente levado em conta a própria morte. É preferível se preocupar com isso quando se é jovem. Se temos que fazê-lo com uma sensação de urgência ou de enfraquecimento, isso pode se mostrar difícil e angustiante. Acho que a reconciliação com a morte é a grande obra de nossa existência e condiciona nossa capacidade de gozar cada instante de vida. Há muito venho pensando nisso. Uma certa familiaridade com aquele horizonte é o único meio de manter minha serenidade cotidiana. A angústia estraga tudo. Gostaríamos de poder olhar nossa morte com solenidade, mas sem revolta. Se a vida se desenrola normalmente, essa maneira de ver a morte se dissolve pouco a pouco e acaba fazendo parte de nós.

— *Mas como fazer para que ela não se torne algo obsessivo ou aterrorizante?*

— Estou persuadido de que o animal, inclusive o animal humano, se reconcilia com seu desaparecimento. Felizmente, trata-se de um processo quase biológico! Se a morte de uma criança é sempre um choque, a de uma pessoa de 85 anos já não o é mais. Do contrário toda e qualquer morte seria insuportável. É claro que há doenças psicológicas devidas ao envelhecimento, como a neurastenia. Mas a maior parte das pessoas idosas cria para si uma filosofia e adota uma forma de pragmatismo. É preferível pensar na morte, pensar em convidá-la para sua mesa para ter menos medo dela. Uma série de pessoas, aliás, tem menos medo dela aos 80 anos do que aos 40 anos.

— *O que dá medo é o sofrimento.*

— Com certeza. "Não tenho medo da morte, mas eu preferiria estar em outro lugar nesse dia", disse Woody Allen. Isso pode acontecer: há quem morra dormindo ou em um acidente de carro... sem estar verdadeiramente ali. A morte ideal é a do general De Gaulle: estava jogando paciência e de repente caiu... Mas isso não pode acontecer com todo mundo. Um grande jornalista americano, Joseph Absop, a quem comunicaram que ele estava com leucemia e que não tinha mais do que 18 meses de vida, começou a escrever um diário para contar sua angústia. Às vezes, ele próprio se espantava: "Hoje eu não pensei na morte." Pouco a pouco ele foi percebendo que, mesmo diante desse terrível anúncio, ele podia parar de pensar nisso. Essa espantosa capacidade de adaptação existe, estou convencido disso, dentro de cada um de nós.

No fim da viagem

— *É preciso aceitar voltar ao nada que havia antes de nosso nascimento, à mesma incompreensão, e com humildade.*

— Não ficar lembrando excessivamente do que fomos... Se nos levamos demasiado a sério em determinado momento da vida, estamos arriscados a ter uma velhice amarga, considerando os momentos excepcionais da própria existência como a única imagem aceitável de nós mesmos. De modo algum! A definição última de cada um é o monte de pó. Se ficarmos nos comparando com o que fomos, estamos no caminho certo para o desespero. Mas, se nos compararmos ao que nos espera — ou seja, a morte —, estamos ganhando! Para aceitar desaparecer, é melhor admitir que nunca fomos realmente tão importantes assim. Isso nos poupa a tentação de termos que construir para nós um mausoléu de mármore! Às vezes eu fico pensando nesta recomendação do taoísmo: "Passar pela neve sem deixar rastro." Inúmeras pessoas quiseram deixar nela sua marca, algumas construíram para si cidades, impérios ou monumentos; outras realizaram obras....E se a mais bela ambição fosse a de não deixar marcas? O objetivo é incontestavelmente mais fácil de ser atingido, talvez até desejável...

— *Joël de Rosnay fala de 120 a 140 anos como a máxima duração de vida para o ser humano.*

— Eu me pergunto, então, se quero correr o risco de ver meus filhos morrerem de velhice. Um dia teremos não apenas que brincar intelectualmente com esse tipo de idéia, mas teremos que vivê-la concretamente. De minha parte, não sei se essa longevidade me tentará ou se eu não preferirei dar um outro fim a minha vida. O prolongamento de nossa vida torna a questão do suicídio tranqüilo cada vez mais atual. Tenho em mente o exemplo digno de Stefan Zweig e de sua mulher, que se mataram juntos, ou, mais recentemente, o da mãe de Noëlle Chatelet e Lionel Jospin, que decidiu, avisando seus filhos, morrer de maneira consciente e quase planejada.

— *Uma decisão que não é incompatível com tudo que acabamos de dizer. Um dia poderemos escolher partir depois de termos vivido bem e por muito tempo... É ainda um passo para um maior domínio de si mesmo. Uma forma de liberdade que é ainda escandalosa, mas que talvez já não o seja amanhã.*

— A mão treme um pouco quando evocamos essa possibilidade. Mas será que isso é mais fácil do que se crê? Seja como for, a morte se tornou uma questão contemporânea, já que hoje podemos viver muito mais tempo. Não estou falando de eutanásia, nem da decisão de dar fim ao próprio sofrimento desligando-se de tudo, algo cuja possibilidade vem surgindo em nossa sociedade. Mas as coisas se passam de maneira diversa no caso da escolha pessoal de morrer quando ainda se tem lucidez, os meios físicos e não se tem necessidade de ninguém mais para fazer isso. Essa questão puramente filosófica está começando a surgir em muitos de nós. No momento eu não tenho a menor idéia de que resposta eu poderia dar a ela.

— *A questão não se coloca enquanto nos resta essa estranha coisa que é o desejo. Ou seja, o apetite pela vida, a vontade de abraçar o mundo, de compreendê-lo, de se emocionar, e talvez também o prazer de contemplar a beleza dos seres e das mulheres. É exatamente esse desejo que será bom conservar na longevidade, não é?*

— Não há a menor dúvida de que é preciso cultivar ao máximo o desejo, de todas as maneiras possíveis. Mas sem ilusões! Do contrário não poderemos desaparecer amanhã. Aceitar morrer é também renunciar ao desejo. Se é revoltante ver a morte de um jovem, é porque ele está ainda repleto de desejos. Em nosso *kit* de longevidade, uma noção é primordial: aceitar que podemos morrer amanhã. Chegará o dia, espero, em que me sentirei cansado de viver e então não me será difícil partir. "Estou começando a ver as coisas como elas são", dizia Vauvenargues; "então já está na hora de ir embora".

TERCEIRA PARTE

A sociedade

CAPÍTULO 7

As duas fadas

Para acompanhar o momento presente trazido pela boa fada do progresso, a sociedade concedeu aos pioneiros da nova idade um outro presente: o direito de parar de trabalhar e de se aposentar cada vez mais cedo. Aposentados e com rendimento! Mas se esqueceram da segunda fada...

O presente envenenado

— **Dominique Simonnet**: *Um adicional de idade, em boa saúde, na plena posse de nossas capacidades, e, se seguirmos as reflexões de Jean-Louis Servan-Schreiber, vivendo prazerosamente o instante... Eis uma perspectiva pelo menos simpática que a atual geração de sexagenários descobre com alegria. Mas é evidente que esse progresso vai ter repercussões sobre o conjunto de nossa sociedade, repercussões essas que talvez não sejam tão agradáveis...*

— **François de Closets**: O progresso é a história de duas fadas. A primeira oferece de tempos em tempos à humanidade uma descoberta, uma invenção que melhora a vida: a máquina a vapor, a eletricidade, os antibióticos, a agricultura moderna, o avião... Mas ela vem acompanhada de uma segunda fada, a vilã Carabosse, que vai pronunciar um outro discurso: "Este presente vai lhes trazer benefícios, sem dúvida, mas vocês só poderão gozá-los se adivinharem a maneira de usá-lo e souberem aplicá-lo corretamente."

— *A maneira de usa-lo é que é sempre difícil de descobrir...*

— A humanidade em geral a encontra com certo atraso. Em um primeiro momento, vemos apenas os resultados agradáveis do presente recebido. Veja o caso do automóvel: é uma invenção maravilhosa, que nos permite deslocar-nos individualmente, a 100 quilômetros por hora, sem nos cansar. Com a maior liberdade. Uma máquina mágica! No primeiro momento, só podemos ficar satisfeitos com ela. Mas, com o passar dos anos, o progresso se espalha, se democratiza. O que também é excelente. Todo mundo se torna automobilista. Mas aí começamos a ver a que isso leva: os acidentes na estrada se multiplicam, a poluição aumenta, as cidades ficam congestionadas e o instrumento de libertação individual se torna uma preocupação coletiva. Tudo por causa de efeitos secundários que não havíamos previsto. "Talvez não fosse assim que devêssemos utilizá-lo", dizemos a nós mesmos. E temos que, gradativamente, estabelecer um código de trânsito para as estradas, regulamentar a circulação, delimitar os estacionamentos, combater a poluição, limitar a velocidade, proibir os motoristas de beber etc. Geralmente, não conseguimos prever os inconvenientes potenciais de uma inovação. Só muito depois, quando nos vemos mergulhados neles, é que despertamos e tentamos, bem ou mal, adaptar nossa sociedade a eles, a fim de que os efeitos maléficos não acabem superando os benefícios. É assim a história do progresso.

— *E seria também assim a história da longevidade. No momento, estamos ainda no primeiro estágio, aquele em que ficamos encantados com as vantagens descobertas.*

— E é aí que está a armadilha! Quando a fada boa surge para nos dizer "Você vai viver 10 ou 15 anos mais e gozando de boa saúde", isso nos parece maravilhoso. Vamos aproveitar, dizemos a nós mesmos. Infelizmente, a segunda fada não está muito distante. Como no caso do automóvel, a nova idade chegou de mansinho, progressivamente. Um número cada vez maior de pessoas se beneficia cada vez mais desses anos de vida ganhos. Porém, novamente negligenciamos nossa maneira de usar esse progresso na sociedade. Sabemos que cada idade de vida tem um *status* social correspondente: quando jovens, somos estudantes; quando adultos, trabalhamos; quando idosos, nos aposentamos. Mas qual é o *status* dessa nova idade, entre 60 e 75 anos, que acabamos de descobrir e que não pára de se estender cada vez mais? Essa idade na qual, como afirmaram Joël de Rosnay e Jean-Louis Servan-Schreiber, continuamos gozando de boa saúde? O que fizemos foi simplesmente enfiá-la na categoria "aposentados" sem pensar mais no assunto. E cometemos um erro que corre o risco de fazer nossa sociedade explodir...

A aposentadoria no zôo

— *Calma, um pouco mais de moderação! Até então, de fato, a aposentadoria coincidia com a velhice, ou seja, com uma perda de capacidade, com a senescência. Isso já não acontece entre 60 e 75 anos. Mas é melhor, não?*

— Vamos fazer, primeiro, um pequeno passeio pela história e nos perguntar a respeito das idéias de "aposentadoria" e de "velhice" que existiam bem antes do advento dessa nova idade. Na natureza, essa questão não existe: assim que o animal perde a plena posse de seus recursos, que ele se torna incapaz de prover a própria sobrevivência, ele é eliminado, de uma maneira ou de outra. Os animais não podem viver sua longevidade potencial. Eles só passam a ter direito à velhice se estiverem cativos e protegidos. Para eles, a aposentadoria só existe no jardim zoológico! Conhecemos algumas espécies, como as tartarugas e os elefantes, que não envelhecem e continuam se desenvolvendo até morrer. Mas são exceções.

— *Mesmo que consigamos, atualmente, retardar o declínio, o animal humano acabará sempre envelhecendo.*

— De todos os animais de sangue quente, a espécie humana é a que se beneficia de uma das expectativas de vida mais prolongadas, o que já é algo inédito. A regra de ouro da evolução é sacrificar o indivíduo em prol da espécie, manter apenas o que serve à reprodução e eliminar o que possa prejudicá-la. De acordo com essa lógica, o indivíduo só é útil na fase de reprodução. Assim que surge uma nova geração, ele pode desaparecer, e quanto mais cedo, melhor. No caso dos salmões, eles morrem após a fecundação, antes mesmo de nascerem seus filhotes.

— *Tenhamos orgulho disto: viver a velhice é, então, de certa forma, uma conquista da cultura e da civilização.*

— Mas não nos enganemos! Muitas sociedades consideradas "tradicionais" praticaram, de uma forma ou de outra, a eliminação de pessoas idosas, seguindo rituais diversos. Em ambientes hostis ou em condições extremadas de sobrevivência, torna-se muito difícil dar assistência aos velhos. Então eles partem, discretamente... Isso já foi observado em algumas populações do Ártico, nas quais a eutanásia, voluntária ou imposta, era mais freqüente do que se acreditava.

A sabedoria perdida

— *Porém, na maior parte dessas sociedades tradicionais, que não podiam se dar ao "luxo" de manter pessoas idosas, elas eram particularmente respeitadas e desempenhavam um papel fundamental para a coletividade. Como lembrou Jean-Louis Servan-Schreiber, os maiores filósofos da Antigüidade tiveram vida longa.*

— Aquelas sociedades valorizavam a experiência, a autoridade, a sabedoria, porque se respaldavam no passado e, obviamente, este é mais bem conhecido pelos anciãos, que guardam a memória do saber, que conhecem as fórmulas a serem usadas e servem, portanto, de referência. Os mais idosos daí extraíam seu reconhecimento social. Mas tudo isso ruiu a partir do momento em que as ciências e as técnicas trouxeram a idéia de que a história era um incessante caminhar adiante e a sociedade passou a olhar não mais para o passado, e sim para o futuro. Com isso o homem do passado perdeu o monopólio da sabedoria.

— *É esse, de certo modo, o espírito do Iluminismo...*

— Sim. Posso trazer uma ilustração: durante milênios, fabricava-se o vinho sob orientação dos mestres vinhateiros, que sabiam como proceder e como apurar o gosto e o cheiro. Eles eram insubstituíveis. Mas surgiu a enologia, que analisou os fenômenos químicos e físicos e equacionou a vinicultura. O especialista, cujo saber agora vem da escola, ultrapassou o vinhateiro, que aprendia com seu pai, que por sua vez aprendeu com o pai, que também já havia aprendido com seu pai. No entanto, nesse caso, mantém-se um respeito à tradição e o enólogo não despreza os conselhos dos velhos vinhateiros. Mas, no caso da eletrônica, da técnica aeroespacial ou da publicidade, o antigo é sempre superado pelo novo. Em toda parte a autoridade, a capacidade de saber e de prever, passou da geração em declínio para a geração em ascensão. O que acarretou, portanto, uma perda de *status* das pessoas mais velhas que hoje chega a beirar a esquizofrenia.

— Porém, são os mais velhos que têm em mãos tesouros que não se aprendem na escola: a competência, o know-how, *a sabedoria, coisas que não podem ser transmitidas e que são adquiridas com o tempo e a experiência.*

— Julgar que toda e qualquer experiência é uma questão de rotina e que o valor de um saber se mede por sua novidade é uma loucura. Uma loucura que já está indo tão longe que as empresas se tornaram amnésicas e algumas delas já se estão vendo obrigadas a chamar de volta os funcionários mais antigos. Mas, de maneira geral, no mundo moderno, em que reina o progresso, o idoso perdeu seu *status*. E então se pergunta: o que fazer com as pessoas que não têm mais condições de trabalhar?

A SOCIEDADE

A astúcia de Bismarck

— *Resposta: nós lhes damos assistência para que possam manter sua subsistência e, se possível, viver bem. É o que chamamos de "aposentadoria". É onde estamos!*

— Exato. Antigamente, a França era um país essencialmente rural, e nas fazendas os velhos realizavam ainda pequenos trabalhos, encontravam seu lugar e faziam jus a seu alimento. A primeira aposentadoria vinha da família. Mas, com o início do mundo operário, o problema se põe de maneira diversa. No final do século XIX, foi Bismarck quem primeiro instituiu as aposentadorias. Mas em que idade começariam a ser pagas? Conta-se que seus conselheiros elaboraram as coisas de maneira que houvesse poucas pensões a serem dadas: ao fixar a idade em 65 anos, eles não estavam correndo grandes riscos. Nessa época, os operários eram obrigados a levar uma vida profissional mortífera (o próprio exército se queixava de que eles ficavam tão extenuados que não podiam sequer ser usados para ir à guerra) e aos 65 anos estavam de fato tão aniquilados pelo trabalho que não chegavam a aproveitar por muito tempo sua pensão: no máximo dois ou três anos, raramente mais que isso.

— *A aposentadoria, então, não era mais que um breve acompanhamento antes de desaparecerem de todo.*

— Ela dava por um momento assistência aos que não tinham mais condições de prover a própria subsistência. É nesse estado de espírito que foi instituída. Quando instauraram um regime generalizado em 1945, a situação social já havia evoluído. Mas, então, estabeleceram uma gradação de aposentadorias concedidas de forma aberrante. Não há dúvida de que havia profissões muito duras, como a dos mineradores e outras, nas quais se morria muito cedo. Mas, se se comparavam, nas diferentes categorias, a expectativa de vida e a idade da aposentadoria, descobria-se que aqueles que viviam menos tempo se aposentavam mais tarde e aqueles que viviam mais tempo se aposentavam mais cedo. O operário especializado parava de trabalhar aos 65 anos e morria aos 68, o professor se aposentava aos 55 anos... para gozar essa aposentadoria por 15 anos. Quanto mais curta era a expectativa de vida, mais tempo você teria que continuar trabalhando!

— O que era uma perversão de uma idéia válida: em vez de dar assistência a pessoas que não podem mais prover a própria subsistência porque já estão esgotadas por um trabalho exaustivo, ajuda-se prioritariamente aqueles que têm menos necessidade disso.

— Exatamente! As profissões mais desgastantes, as que usam mais os indivíduos, são tradicionalmente aquelas em que a aposentadoria começa mais tarde. É um sistema tipicamente francês: as vantagens são dadas àqueles que ameaçam ou impõem o respeito, e não àqueles que realmente as merecem. O Estado achou mais fácil oferecer direitos à aposentadoria — que não comprometem de imediato no plano financeiro — em vez de aumentos salariais, para os quais teriam que ser feitas de imediato dotações de recursos. É uma estupidez! Mas até então esse sistema estava funcionando, porque havia muitas pessoas em atividade para pagar essas aposentadorias e os aposentados faziam a gentileza de não viver muito tempo.

A SOCIEDADE

Estranho progresso social

— *É preciso lembrar também que, na época, os recursos alocados nas aposentadorias eram ainda bem menores.*

— Dizia-se, porém, que os velhos "não contavam muito economicamente". E não esqueçamos que existem sempre 700.000 pessoas com o salário mínimo de aposentadoria. Revalorizar as aposentadorias foi a grande preocupação do governo de Valéry Giscard d'Estaing, de 1974 a 1981. Ao longo das décadas seguintes, o poder aquisitivo dos aposentados aumentou mais rápido que o dos assalariados. É sempre difícil comparar o nível de vida dos ativos com o de seus filhos e com o dos inativos. Mas as estatísticas (penso sobretudo nas do CREDOC [Centro de Pesquisas para Estudo e Observação das Condições de Vida]) avaliam que, no decurso dos anos 1990, os idosos já haviam recuperado seu atraso. As aposentadorias são inferiores aos salários, mas há 50 anos dois terços dos franceses são proprietários. Ao chegarem à aposentadoria, eles ficam liberados dos descontos. Possuem, no total, 60% do parque imobiliário. Além disso, a quarta parte deles detém um patrimônio, que é fonte de rendimentos, contra 10% do restante da população. No total, seu nível de vida é, em média, superior ao dos ativos. Não nos esqueçamos, igualmente, das heranças que foram deixadas nos últimos 50 anos.

— *Simultaneamente, graças aos progressos da higiene e da medicina, a expectativa de vida aumentou, pouco a pouco, sem que se tenha realmente percebido.*

— Aumentou um trimestre a cada ano, não se imaginava que fosse algo capaz de causar tamanha reviravolta. Desde então, a expectativa de vida, que era de 66 anos no início dos anos 1950, passou a 80 anos nos dias de hoje. E agora vemos que o mundo mudou! Resultado: a duração da aposentadoria se alongou e seu custo se tornou pesado. Ao mesmo tempo, passou a haver um número cada vez menor de pessoas para pagá-las, pois os franceses passaram a ter menos filhos (mesmo que ainda tenham mais que seus vizinhos). As aposentadorias estão sendo mais numerosas, mais pesadas, mais longas e os ativos pagantes menos numerosos.

— *É uma equação complexa...*

— Mais do que poderíamos prever, pois o horizonte demográfico, ao contrário da conjuntura econômica, se desdobra com décadas de antecipação. Há muito sabemos que, em 2040, o número de pessoas com mais de 60 anos terá aumentado em 10 milhões na França. Isso já estava exposto no Livro Branco sobre as aposentadorias enviado a Michel Rocard em 1991, e a seguir no relatório Charpin, de 1999. Os governos foram avisados do que estava para acontecer. Ora, não só não deram ouvidos a isso, como ampliaram os desequilíbrios anunciados em vez de compensá-los. A partir da década de 1980, em vez de retardar a idade da aposentadoria, decidiram antecipá-la. Uma obra-prima de irrealismo! Tudo começou com as reestruturações feitas na siderurgia. Ao se defrontarem com o desespero na indústria siderúrgica, os políticos que tentaram, sem muita convicção, restabelecer o equilíbrio econômico preferiram criar aposentados para evitar desempregados. Solução mais humana, menos dolorosa, mas que criou um precedente perigoso.

— *O que é legítimo, quando se sabe da situação extremamente penosa que enfrentam os que trabalham em metalurgia ou nas minas.*

— Claro. Os metalúrgicos mereciam isso, sem dúvida alguma. Se os direitos da aposentadoria tivessem sido estabelecidos de maneira eqüitativa, em função do desgaste do trabalho e não dos meios de pressão, eles há muito teriam obtido a aposentadoria a partir dos 55 anos. Essas pré-aposentadorias então não estariam fazendo mais que restabelecer a eqüidade. Mas o problema é que não se ficou nisso! Nos anos 1980, o primeiro-ministro socialista Pierre Mauroy deu de presente a todos a aposentadoria aos 60 anos, como sendo um enorme progresso social, da mesma maneira que as demissões indenizadas. Se ele tivesse falado francamente, teria dito: "Decidimos conceder a nós mesmos cinco anos a mais de aposentadoria, à custa de nossos filhos." Mas vamos voltar a essa questão adiante.

Aposentadoria para uns, desemprego para outros

— *Os políticos, na época, afirmaram que essa medida visava a combater o desemprego, que as aposentadorias antecipadas liberariam empregos para os mais jovens.*

— Restabelecer o pleno emprego juntamente com o descanso seria, realmente, o remédio ideal. Se há desemprego, supunha-se, é porque há excesso de trabalhadores e não há trabalho suficiente para todos. Deduziu-se que era preciso retirar os mais velhos do mercado de trabalho para dar lugar aos jovens. Atualmente essa hipótese está sendo julgada, como se diz, no tribunal da experiência. E a resposta é inequívoca: a França é o país que aposenta mais cedo as pessoas consideradas "idosas", em média aos 58 anos: dois em cada três franceses param de trabalhar antes mesmo da idade legal de pedirem aposentadoria...

— *Então não se pode dizer que são os mais velhos que estão congestionando o mercado de trabalho.*

— É evidente que não. E o resultado? A França conseguiu, ao mesmo tempo, dois recordes que estão, obviamente, interligados: a menor taxa de emprego de idosos (apenas um terço dos indivíduos entre 55 e 64 anos está ainda trabalhando, em vez da metade, como no resto do mundo) e a maior taxa de desemprego de jovens (19%, em vez dos 14,6% que são a média na Europa)! É esta a realidade: essa política de aposentadoria precoce que nós seguimos obstinadamente há 30 anos, e que tinha como objetivo reduzir o desemprego, provocou um aumento constante e irreprimível de desemprego dos jovens! Portanto, não é aposentando os veteranos que estamos criando trabalho para os jovens. Se tivéssemos conseguido reduzir o desemprego dos jovens parando mais cedo de trabalhar, isso teria sido realmente formidável! Uma demonstração de solidariedade entre as gerações! Mas, não, isso é um mito! Um mito cujo fracasso é gritante.

— *A essa altura cabe perguntar o que foi que justificou essa obstinação em se livrar dos trabalhadores de mais de 55 anos.*

— A França sofreu as conseqüências de uma visão malthusiana da economia. Primeiro erro: agimos como se, em dado momento, houvesse uma certa quantidade de trabalho a ser dividida entre pessoas ativas. Porém, na realidade, é nossa atividade, nosso dinamismo, são nossas inovações e audácias que criam a quantidade de trabalho e a desenvolvem. Quanto mais produtores e criadores houver, maior será o número de atividades e, conseqüentemente, maior o número de empregos. Segundo erro: acreditamos que os trabalhadores eram intercambiáveis, que poderíamos pegar alguns aqui e despejar acolá. O que é falso também. As novas gerações têm aspirações e qualificações que não correspondem necessariamente aos empregos liberados pelos mais velhos. Quando operários da construção civil se aposentam, não encontramos quem os substitua. Na realidade, o que estamos fazendo é casar o desemprego com a falta de empregos!

— *Essa cegueira francesa é maquiavelismo, ignorância ou hipocrisia?*

— É covardia e demagogia! Quando fizeram essa política de aposentadoria antecipada ser vista como um ato de solidariedade foi o cúmulo da hipocrisia! Não tiveram a coragem de tomar as medidas que teriam permitido relançar a atividade, e portanto o emprego, mas que entravam em choque com resistências e corporativismos. A solidariedade não tem nada a ver com isso. Quando muito ela é admitida quando se aceita distribuir o trabalho e o rendimento — o que já não é algo muito popular. Mas os franceses não têm culpa de tal situação. Eles acreditaram no discurso dominante. De um lado, diziam-lhes que, trabalhando menos, o desemprego seria reduzido, e, do outro, faziam as pessoas se aposentarem cada vez mais cedo. Então não há por que se admirar de ver as pessoas, em seguidas pesquisas de opinião, afirmarem que 55-60 anos é a idade ideal para se parar de trabalhar! As grandes centrais sindicais, sob pressão da opinião pública, chegaram ao ponto de fazer da aposentadoria aos 55 anos para todos o grande tema de suas reivindicações. É preciso repetir que os responsáveis sabiam perfeitamente que, ao multiplicar o número de aposentadorias, acabaríamos caindo em um impasse. Sabiam, mas não ousaram dizer a verdade! E em vez de preparar o futuro, eles o hipotecaram. Hoje, diante da rebelião dos fatos, descobre-se que o que teria sido necessário era retardar o momento da aposentadoria. Mas eles sempre souberam disso!

A idade de ouro dos seniors

— *E aqui estamos nós, com uma aposentadoria aos 58 anos em média na França. E a situação dos aposentados em geral é, a bem dizer, invejável.*

— Sobretudo em comparação com a dos jovens. Os aposentados não temem mais o desemprego, têm seu rendimento garantido — pelo menos é o que lhes fizeram crer —, na maior parte das vezes são proprietários, não têm mais filhos para criar e gozam de boa saúde: aos 75 anos, mais da metade das pessoas não tem o menor problema permanente de saúde. Em suma, são donos de suas vidas. Aliás, 65% deles se julgam felizes com a própria situação. Obviamente existem nessa categoria, como em todas as demais, pobres e infelizes, mas, no todo, a verdade é que os sexagenários representam a categoria social mais feliz na França. Não porque se tenha preparado para eles um *status* particularmente favorável. Acredito até que se teria preferido livrar-se deles. Mas a sociedade vai tão mal que vale mais a pena deixá-los de lado.

— *É o que está sendo chamado de a idade de ouro dos* seniors.

— Ou pelo menos é o que se dirá daqui a uma ou duas décadas, quando for revisto e rebaixado o pagamento das pensões, modificada a idade de aposentadoria e tudo o mais. Eu temo que se chegue a voltar aos anos 1950, com aposentadorias economicamente medíocres. Mas, no momento, não é esse o caso. Os economicamente fragilizados são os jovens. Nas décadas de 1950 e 1960, os filhos ajudavam os pais, hoje são os pais que sustentam os filhos em seus momentos de dificuldades. Os fluxos financeiros se inverteram. Não vamos por isso culpar os idosos. Na escala da história, eles terão ficado bem colocados. Até o momento em que era possível beneficiar-se da longevidade e, ao mesmo tempo, da aposentadoria. Um período transitório... Também não devemos afogar-nos em estatísticas. Na realidade, a aposentadoria é sempre uma experiência, quando não uma prova, individual. Alguns são bem-sucedidos, outros não. Há o caso daqueles que se fecham em si mesmos, mas a maior parte deles descobre as alegrias do lazer: viagens, esportes, cultura, ou até mesmo o envolvimento em atividades sociais ou humanitárias.

— *No momento, os idosos que chegaram à inatividade só são bons em uma coisa: gastar dinheiro.*

— Nossa sociedade é que não conseguiu encontrar um lugar para eles, ela só quer vê-los como consumidores. Categoria, aliás, que está sendo olhada com lente de aumento pelos profissionais do mercado, como uma nova espécie de escaravelho de ouro: as agências de turismo preparam para eles excursões ao Nilo ou adaptam carros para melhor servi-los. São incontáveis os estudos sobre seu modo de vida e seus sonhos de consumo. Eles estão sendo divididos em subcategorias, classificados por tipologias e separados segundo perfis os mais diversos: há os idosos ativos, os comunicativos, os que só buscam prazeres, os fechados, os que se atêm ao essencial... É este, atualmente, o desafio da aposentadoria: planejar uma vida para si mesmo, já que nada foi previsto neste sentido. O adolescente tem que estudar, o adulto tem que trabalhar, o idoso pode fazer o que quiser. "Consuma e cale a boca!", é tudo que a sociedade consegue lhes dizer. Então os sexagenários vão dando um jeito, da melhor ou da pior maneira possível. Alguns investem na sociedade e se tornam um fermento indispensável à coesão social, outros só querem saber de aproveitar em benefício próprio. Também nisso os idosos se assemelham ao resto da população. A única diferença é que eles têm mais possibilidades de escolher como agir. Mas existe, no caso, um enorme desperdício de recursos humanos.

A dona-de-casa de mais de 50 anos

— *Paradoxalmente, essa nova idade de ouro não é valorizada, longe disso! Quando a rara avó que aparece na propaganda não está na praia (e na imagem ela nunca aparenta ter mais de 50 anos), é um tanto ridícula, serve apenas para fazer e vender doces. E apesar da evidente vitalidade dos sexagenários, em toda parte se continua entoando louvores à juventude.*

— A nova idade é desvalorizada no plano intelectual e cultural. Na França, a discriminação tornou-se francamente insuportável: há uma total rejeição a tudo que seja de mais idade. Pode-se até falar de uma espécie de racismo antivelho. Você se lembra daquele *slogan* dos manifestantes que recusavam a reforma das aposentadorias de François Fillon? "Nós não queremos professorinhas cheias de rugas." Como se o confronto de jovens alunos com uma professora sexagenária fosse uma espécie de obscenidade. Aliás, hoje já nem se usa mais a palavra "velho", prefere-se dizer "idoso". "Diz-se idoso em vez de velho babaca, ele ouve mal em vez de surdo e profissional da limpeza em vez de varredor de rua: uma concessão onerosa", diz, com razão, Régis Debray. De vez em quando se exibe um velhinho bom, assim como os anti-semitas mostram um judeu bom. A publicidade só apresenta os que têm mais de 60 anos com a condição de que aparentem 40. Ela quer chegar até eles, sim, mas sem jamais colocá-los em evidência, e explora esse mercado de maneira sutil, sem mostrar a cara.

— *Aliás, fala-se sempre da dona-de-casa de menos de 50 anos. Como se as mulheres mais velhas simplesmente não existissem.*

— Repare na ignorância e no menosprezo com que essa classe é vista pela televisão. Recentemente vimos se multiplicarem na França as redes de TV. Atualmente elas atendem a todos os gostos e a todos os gêneros: crianças, amantes do ocultismo, aficionados por esportes arriscados, gastrônomos, homossexuais... Mas, nas quase 300 redes criadas no decurso dos últimos anos, não há uma única dedicada aos idosos! Ora, os que têm mais de 60 anos são hoje tão numerosos quanto os que têm menos de 20 anos. Ou, o que é ainda pior: para uma rede pública ou privada, ter uma audiência "idosa" é considerado catastrófico. Os diretores de redes de serviço públicas repetem seguidamente: "Nós queremos rejuvenescer a audiência." E isso não choca ninguém. Segundo eles, os que têm mais de 50 anos não só não existem como são nefastos, desestimulam a publicidade.

— *No entanto, as pessoas de idade são as que mais precisam de televisão.*

— Sem dúvida. A necessidade de televisão cresce com a idade. Quando não se consegue mais passar sem televisão aos 30 anos, é melhor mudar de vida. Mas aos 70 ou 80 anos, quando as próprias atividades já estão reduzidas e a situação dos mais próximos já está estabilizada, a televisão se torna o cordão umbilical que liga à sociedade. O público prioritário da televisão, em termos de utilidade social, é não só a terceira idade de que estamos falando aqui, mas também a quarta idade, os velhos, os que estão vendo a solidão chegar, e que mantêm cada vez menos contatos com os outros. Para esses, a televisão é vital.

Uma gerontocracia que despreza os velhos

— *Nas empresas também não é bom ser "velho"...*

— E isso é o cúmulo do absurdo! A partir de 45 anos, um funcionário não tem mais direito a uma formação permanente. O *curriculum vitae* de um candidato a emprego com mais de 50 anos é jogado no lixo sem sequer ser lido. A entrada no mercado de trabalho se dá cada vez mais tarde porque se alonga o tempo de estudo nas universidades, e a aposentadoria é cada vez mais precoce. Nós temos as carreiras de duração mais curta do mundo, e nossas empresas estão entre as mais "juvenilistas". As agências de publicidade se vangloriam de ter uma média de idade que não ultrapassa os 30 anos. O empregador mais escandaloso de todos é o Estado: todo mundo acha muito normal que a EDF e a SNCF* recrutem exclusivamente jovens, que milhões de cargos a serem preenchidos no setor público só sejam acessíveis aos que têm menos de 30 anos. A causa é a que se ouve: essa população não pode trazer nenhuma riqueza nova para a sociedade, ela só pode, então, ficar a cargo dela.

— *Em suma, tem-se vergonha da velhice.*

---

* Empresas estatais de energia e estradas de ferro, respectivamente. (N.E.)

— Sim. Juventude tornou-se o valor de referência e a velhice uma maldição a ser escondida. O que é pura representação social, pois nem se vê que os "velhos" continuam a ser "jovens". Já não se tem mais a idade de suas artérias, tem-se a idade de sua aposentadoria. Nossa sociedade quer ver apenas o que lhe parece estar indo bem. É natural que a verdadeira velhice, a quarta idade, meta medo, e que se tenha tendência a escondê-la. Em compensação, nossa nova idade, a terceira, é atualmente a mais bela idade da vida. Mas há uma obstinada recusa em considerá-la como tal.

— *Os velhos em toda parte são postos de lado, a não ser... na política e nos cargos de responsabilidade, nos quais, ao contrário, eles reinam absolutos. O que é, pelo menos, paradoxal.*

— Fizeram da categoria dos idosos uma categoria ao mesmo tempo privilegiada e desvalorizada, imprópria para a produção e a criação, com exceção, no entanto, no caso da política e do governo. Procure na Assembléia Nacional os que têm menos de 30 anos. Lá são os de mais de 70 anos que detêm o poder. É um paradoxo incrível: vivemos em uma gerontocracia juvenilista, e quanto mais desprezamos os velhos mais entregamos em suas mãos o poder!

Todos com rendimentos!

— *Mas os idosos colaboram para essa discriminação. Eles não gostam de dizer que são velhos.*

— É difícil para uma minoria desvalorizada reivindicar seu orgulho. Situa-se a idade da velhice muito cedo quando se é jovem e muito tarde quando se é velho. Jean-Louis Servan-Schreiber descreveu com acuidade o choque que se experimenta quando se chega aos 60 e se descobre que se é velho para os outros e jovem para si mesmo. Com o aumento das pensões, nossos governantes compraram a desvalorização dos idosos. É o preço que pagaram pela paz entre as gerações: "Vocês não têm mais medo de ficar desempregados, vocês têm um nível de vida satisfatório e não têm que fazer nada. Então, agora, deixem-nos em paz!", é o que, em síntese, lhes foi dito. Ora, os idosos não constituem uma corporação, como os médicos, os vinicultores ou os professores. São (até quando? Mas isso já é uma outra história) desorganizados. Só podem, então, se acomodar ao destino que lhes é dado. Pelo menos enquanto esse destino não se tornar deplorável.

— *Vamos resumir. Pouco a pouco, o trabalho foi sendo abandonado cada vez mais cedo, ao mesmo tempo que a duração da vida aumentava cada vez mais. O período da chamada "aposentadoria" alongou-se, portanto, entre essas duas extremidades, enriquecendo-se com essa famosa nova idade de que estamos falando. Nela se entra hoje tendo diante de si uma perspectiva de 10 ou 15 anos mais, em plena vitalidade, mas que deverão ficar a cargo da sociedade.*

— Há, portanto, uma defasagem total entre a aposentadoria e a velhice. A primeira está sendo decretada aos 58 anos. E a segunda só ocorre realmente, no plano físico e psicológico, por volta dos 75 anos, ou até dos 80 anos, ou, no futuro, mais tarde ainda. A idade da aposentadoria não corresponde mais a uma realidade biológica. Os que se aposentam vão viver os 10 ou 15 anos da nova idade com as mesmas possibilidades, as mesmas condições físicas e as mesmas aptidões dos anos anteriores, porém agora inteiramente sustentados pela sociedade. Os sexagenários, essa faixa etária cujo número vai aumentar ainda mais rápido nos anos vindouros, estão sendo pagos atualmente para não fazer nada. Os dois termos são igualmente imperativos, tanto um quanto o outro. Não é em absoluto apenas uma questão de condições físicas, é um *status*. Por exemplo, o mesmo acontecia no Antigo Regime, quando o nobre não podia trabalhar sem que isso fosse considerado aviltante. Toda essa história mostra apenas uma coisa: que as implicações sociais dessa nova idade foram deliberadamente ignoradas. Mais uma vez, em lugar de enfrentar o problema, pagaram para não vê-lo. E é por aí que a fada má vai aproveitar para entrar...

CAPÍTULO 8

A bomba da longevidade

"Adeus bezerro, vaca, porco, ninhada"*? São gerações inteiras que vão ser sacrificadas à nova idade dos idosos. Com a aposentadoria antecipada, a França comprometeu o futuro. Atenção! Uma grave crise se anuncia: a bomba da longevidade vai explodir....

Nas costas de nossos filhos

— *A essa altura, temos vontade de dizer que, no fim das contas, se essa bela sorte que coube aos idosos é um progresso da civilização e todos poderão vir a gozar dela, basta que cada um espere chegar sua vez. Mas agora já estamos temendo a sentença da segunda fada de que você falou...*

— Para o indivíduo, beneficiar-se com 15 anos de vida a mais, e de uma vida em perfeita saúde, é um maravilhoso presente, que se torna um presente de rei quando a sociedade acrescenta a essa existência o rendimento. "Descansem e sejam felizes." Quem não aceitaria uma ordem dessas? É algo que parece perfeito no plano

---

* Citação da fábula de La Fontaine "A leiteira e o pote de leite", em que a protagonista, camponesa que vai à cidade vender leite, se vê obrigada a dizer adeus às suas ilusões quando dá um salto de contentamento e derrama o leite que levava apoiado sobre a cabeça. (N.E.)

individual. Pena que, no plano coletivo, isso não possa mais continuar. Pois a fada má existe e é esta a sua sentença: "Vocês acabam de receber seu presente: um adicional de vida que vão poder gozar em plena saúde e com total posse de todos os seus recursos. Só que há uma contrapartida: vocês vão ter que assumir sua parte do presente, pois ele será pesado demais para seus filhos." Porque essa bela vida que têm vai ter que ser paga por alguém! Não estamos vivendo mais em uma relação social clássica.

— *Explique isso melhor.*

— Geralmente, quando um conflito social explode, o acordo capaz de encerrá-lo deverá ser feito entre os diferentes agentes sociais, assalariados, patrões, funcionários, camponeses, estudantes... Cada um desses grupos quer a fatia maior do bolo, e o jogo, então, consiste em dar um pouco mais a uns tirando um pouco dos outros. Entre assalariados e patrões pode-se sempre apostar no crescimento da empresa para fazer crescer o bolo. Mas, quando se trata das aposentadorias, a configuração não é mais, em absoluto, a mesma. Os que vão ter descontos não são os nossos contemporâneos, e sim os nossos filhos! É à custa deles que nos concedemos generosos direitos de aposentadoria, e eles não podem sequer dizer uma palavra. Como assinala Michel Godet, denunciando nossa despreocupação, as gerações futuras não estão nunca representadas nas decisões e não são sequer ouvidas. Há alguns anos, o demógrafo Alfred Sauvy já dizia: "Nossos filhos são a nossa aposentadoria!" Não havíamos entendido o significado real da frase na época, e o incrível é que não o tenhamos entendido até hoje.

— *Mas é isso que acontecia antigamente dentro do quadro familiar: de certo modo, as pessoas faziam filhos para que eles pudessem um dia substituí-los e ajudá-los. Eles faziam assim uma espécie de seguro de vida.*

— Que os filhos sejam uma forma de seguro de vida ou de aposentadoria é ainda uma realidade nos países do Terceiro Mundo. É esta, aliás, uma das razões da explosão demográfica: os pobres precisam ter muitos filhos para que os ajudem quando eles não puderem mais prover a própria subsistência.

— *Mas, entre nós, franceses, não é escandaloso que as gerações futuras ajudem seus pais e avós e assumam o peso financeiro de seu sustento.*

— Provavelmente, porque a geração que no momento está pagando foi assistida em sua juventude e continuará sendo assistida, por sua vez, em sua terceira idade. Mas será que é normal decidir que pessoas em pleno gozo de sua saúde passem a viver à custa dos filhos? Imagine você que em uma fazenda fechada, isto é, em que se viva em autarquia, um pai de família declare de repente, aos 57 anos: "Chega! Estou velho! Agora não vou mais trabalhar e vocês é que vão me sustentar! — Mas papai, nós já temos que cuidar do vovô e das crianças, e você ainda tem mais energia que nós... — Não, basta, eu estou velho!" Essa atitude pareceria absurda, não? No entanto, foi essa a atitude que adotamos em escala social. Uma atitude que não é uma questão de moral, mas simplesmente de realidade. A longo prazo, com os efeitos da longevidade se tornando crescentes, esse sistema não vai poder funcionar. É simplesmente isso. Atualmente, o casal daquela fazenda tem dois filhos e apenas ele trabalha. Ele tem que assegurar a subsistência de sua prole, e mais a de seus dois ou quatro avós, e a de seus bisavós. Os idosos podem achar cômoda essa situação, mas seus filhos, não. A equação se torna insolúvel. Se não houver uma solução, haverá conflito. Estamos caminhando para uma guerra de gerações.

Uma geração esmagada

— *A principal conseqüência do surgimento da nova idade e do insolente triunfo dos idosos é, então, que as próximas gerações vão ser esmagadas pelos encargos que eles fazem pesar sobre elas. E aí, o que vai acontecer?*

— Vamos tomar como exemplo a geração que hoje tem 25 anos e está entrando no mercado de trabalho. Desde já ela está sendo taxada para o pagamento de nossas dívidas, cujos custos financeiros exigem, a cada ano, o equivalente ao imposto de renda. E sabemos que isso só tende a se agravar futuramente. No entanto, a França não passou por nenhuma guerra, nem sofreu qualquer desgraça, e também não se enriqueceu com alguma modernização dispendiosa que justificasse tal abismo. Mas depois que o vinagre se produz, temos que bebê-lo. E pela segunda vez essa geração está sendo taxada em razão dos efeitos automáticos do envelhecimento da população. A dívida representa 3% do PIB, e o envelhecimento da população a ela acrescentará mais 4%, a título de aposentadorias. E isso ainda não é tudo! As despesas com saúde relacionadas a esse envelhecimento vão também crescer consideravelmente, sobretudo as que dizem respeito às afecções de longa duração, como as patologias neurodegenerativas, o diabetes, o mal de Alzheimer, a doença de Parkinson. A dedicação filial é muito bonita, mas ela não pode chegar ao ponto de sufocar a vida.

— *Essa geração terá ainda maior dificuldade de assumir esse fardo porque ela terá uma vida profissional curta, entre os 25 e os 58 anos.*

— Se as atuais normas forem mantidas, não é mais de tensões que falaremos, e sim de rupturas. Por causa da globalização e da apropriação das empresas pelas potências financeiras, sobretudo os fundos de pensão, as condições de trabalho, em todos os lugares, se tornaram mais duras, mais estressantes: os assalariados vão se esgotar tentando rentabilizar o capital em mãos dos... aposentados de outros países. Resumindo: a nova geração terá, portanto, que pagar a educação dos próprios filhos, as aposentadorias de seus pais, as despesas de saúde, bastante pesadas, de seus avós, as dívidas contraídas pelas gerações anteriores e as aposentadorias dos acionistas estrangeiros! Ela vai trabalhar como louca, debaixo de pressões incríveis, na esperança de chegar o mais cedo possível ao momento abençoado em que, por fim, ela é que ficará à custa de seus filhos! Que belo projeto de vida!

— *A longevidade, que julgamos tão sedutora nos capítulos precedentes, com você se revela uma bomba prestes a explodir em um doloroso conflito entre gerações.*

— É evidente que o choque de interesses entre as gerações em atividade e as gerações de aposentados vai acontecer. Todas essas tensões estão se acumulando e vão acabar se tornando intoleráveis. Acrescentemos, para tornar o quadro ainda mais sombrio, que o envelhecimento da população trará, como conseqüência inevitável, a diminuição da natalidade (atualmente em cerca de 2% e, provavelmente, em um futuro próximo, de 1% nos 20 anos por vir), que os comprometimentos em termos de aposentadoria por parte das agências estatais não têm provisão, que o seguro-doença e as caixas de aposentadoria estão com déficits abissais...

Crise em perspectiva

— ... *e que, como disse Joël de Rosnay, a duração da nova idade tende a aumentar também, e, com ela, o número de aposentadorias a serem pagas.*

— Exato. Se chegarem a se realizar as perspectivas que Joël de Rosnay prevê, se a real velhice só vier a acontecer aos 90 anos e a expectativa de vida chegar aos 100 anos, então...! Você consegue imaginar todo mundo tendo rendimentos pagos dos 58 anos aos 100 anos? Consegue avaliar os ganhos de produtividade e as proezas econômicas que seria preciso para isso? Fica claro que tal sistema não tem condições de funcionar. Se mantivermos as bases atuais, pelas quais cada ano em plena saúde deve ser pago pela geração que trabalha, torno a dizer: estaremos caminhando para uma explosão.

— *Essa sua segunda fada muito má!*

— É, talvez. E ela poderia acrescentar, para pôr fim a nossas recriminações: "Eu dei a vocês anos de vida a mais, mas nunca disse que eles deveriam ficar nas costas de seus filhos! Se vocês persistirem nesse erro, farão sua sociedade quebrar. Transformarão o que está funcionando bem, a solidariedade entre as gerações, em uma fonte de conflitos insolúveis."

— *Mas precisaríamos, então, ouvir essa sua mensagem, o que está longe de acontecer nos dias de hoje. A covardia de que você falou, e que presidiu essa política tão desastrosa, continua predominando.*

— Nem os governantes nem o povo compreenderam o erro cometido com a nova idade. Esses 10 ou 15 anos de bônus devem estar ligados à vida ativa, e não à aposentadoria. Durante esse período, nós deveríamos, no mínimo, prover nossas necessidades. Enquanto não tivermos admitido esse princípio, enquanto continuarmos tapando os olhos e falando em conquistas sociais e direitos adquiridos, não sairemos disso. E, quando chegarmos a admitir essa evidência, ainda será preciso dela extrair suas conseqüências, o que vai ser extremamente complicado. Observe que a maior parte dos estudos aponta nesse sentido, mas não chega a remontar ao erro inicial. Aliás, pouco importa que se tenha interpretado o passado dessa ou daquela maneira, chega-se às mesmas constatações em relação ao presente e às mesmas perspectivas em relação ao futuro. Será impossível manter um equilíbrio duradouro entre as gerações sem repor em questão a idade de início da aposentadoria, bem como as taxas das indenizações e a das contribuições. Nós nos havíamos baseado na equação de 4 vezes 20: em uma vida de 80 anos, os 20 primeiros anos se passam gerando um débito para com a sociedade que nos educa, uma dívida que vamos reembolsar nos 20 anos seguintes com nosso trabalho, depois constituímos créditos dos 40 aos 60 anos, e vamos ser pagos nos 20 anos restantes. Uma equação que já é impossível fechar. Se você acrescentar a isso uma entrada tardia na vida ativa, uma saída antecipada, dívidas a serem pagas, uma expectativa de vida prolongada e uma natalidade que se reduz, então nada mais pode funcionar! Temos que refazer as regras do jogo.

A cilada dos "direitos adquiridos"

— *Eu temo que a França tenha muita dificuldade para enfrentar esse desafio. Seria necessário que os políticos tivessem coragem de se confrontar com os inúmeros corporativismos que dizem agir em nome da causa social.*

— Por fraqueza, a classe política mergulhou na demagogia. Nossos governantes não sabem mais conquistar o poder a não ser por meios que acabam impedindo que o exerçam. É o famoso "depois de mim, o dilúvio", dilúvio que os empurra infalivelmente para o fracasso seguinte. Tornou-se regra a idéia de que não se deve dizer nada que possa causar irritação, nem fazer nada que traga descontentamento. E como sempre existe um homem ou um partido prometendo a reforma com presentes e a cura com bombons, os franceses não estão dispostos a ouvir a verdade e os políticos se refugiam na opinião pública para escondê-la. Mas, no diálogo da política, cabe aos políticos informar a população, e não o contrário. As pessoas estão vendo o que acontece atualmente a seu redor. No futuro irão cobrar isso dos governantes, que deveriam ter estudado a questão. Porém não cabe ao cidadão dizer: "Senhor presidente, será que é sensato antecipar a idade da aposentadoria quando a da morte está sendo adiada?" Deveria acontecer o inverso. É a classe dirigente que deve determinar o que é possível e o que é impossível. Quando se faz uma pesquisa de opinião a respeito da aposentadoria aos 55 anos, isso implica que ela é possível. Ninguém vai sair fazendo pesquisas de opinião sobre coisas que sejam impossíveis. Portanto, o que se faz não é uma pergunta, e sim uma afirmação. E a resposta é, então, óbvia. Por que não tirar partido disso? Os franceses não são masoquistas, ao contrário, eles em geral têm prazer em viver. O que é uma virtude, até o momento em que se deparam imprevistamente com maus dirigentes.

— *Mas algumas pessoas já estão começando a se preocupar...*

— É verdade. Vinte e cinco anos de vida inativa na juventude, 35 anos de vida ativa, 25 anos de aposentadoria e de aposentados em plena forma, encontre o erro! Mas preferem não falar disso. Avisos e mais avisos têm sido dados, por meio de relatórios vindos de diferentes lados, livros premonitórios têm sido publicados, como os de Michel Godet, Régis Debray, Robert Rochefort, que só confirmam todos os relatórios.

— *Aliás, nem na direita nem na esquerda se fala nisso. A maior parte dos sindicatos prefere também esconder de si mesmos a realidade a respeito da nova idade.*

— Há duas razões para isso. Primeira, consideram a aposentadoria aos 60 anos como fruto de uma conquista social, sem reconhecer que ela foi arrancada, não do patronato, ou das "grandes fortunas", e sim das gerações seguintes, que não puderam dizer uma palavra a respeito. Como jogar tais conquistas sociais sobre nossos descendentes? Além disso, cultivamos na França a idéia dos "direitos adquiridos", que é um conceito essencial e legítimo quando se trata de avanços fundamentais, como a liberdade de expressão, de circulação e de consciência. Mas, no que diz respeito à situação econômica e demográfica, essa idéia de "direitos adquiridos" se torna absurda. Quando foi instituído o regime de aposentadoria, havia cinco pessoas ativas para cada aposentado. Atualmente, a França tem dois ativos para um aposentado. Em alguns decênios, vamos passar a ter um ativo para um aposentado. Nessas condições, falar em "direitos adquiridos" é uma aberração. Os passageiros do *Titanic* tinham adquirido o direito de estar a bordo, mas, no momento do naufrágio, era preferível renunciar a esse direito e buscar um lugar no bote salva-vidas.

*"Tout va très bien, Madame la Marquise!"**

— *Mas, para muitos, a aposentadoria aos 58 anos é já ponto pacífico. Então não vemos como voltar atrás...*

— Se se colocarem apenas no plano da confrontação social e mantiverem em mente que se trata de uma conquista social a ser defendida com unhas e dentes, então realmente não vamos sair disso. Os acontecimentos de novembro de 1995 o comprovaram. Estabelecer que os ferroviários poderiam pedir aposentadoria aos 53 anos foi algo visto como um escândalo, por se saber que seus colegas no resto da Europa trabalham 10 anos mais, e saber também que eles não conduzem mais aqueles monstros de goela incandescente que eram as locomotivas a vapor. Mas pode estar certo de que, se essa reforma tivesse sido imposta, a esquerda com certeza não a faria voltar atrás. Porém a oposição corporativista, evidentemente previsível, só deu razão ao Plano Juppé por contar com amplo apoio popular. É essa a verdadeira lição a ser tirada do conflito. Os franceses só viam no caso uma reivindicação clássica, e ficavam do lado dos grevistas, como tradicional-

---

* "Tudo vai muito bem, senhora Marquesa"— Refrão de conhecida cançoneta popular que é um primor de ironia: ao chegar de uma viagem, a marquesa ouve do zelador do castelo que "tudo vai muito bem!"..., porém, a cada nova estrofe vai desfiando toda uma série de incidentes os mais desastrosos. (N.T.)

mente ocorre. Repare que também se insistia muito na servidão a que estava sujeito o ferroviário, que não dorme todas as noites em casa, embora ninguém questione, em momento algum, a servidão do pessoal que trabalha em restaurantes, que se mantém a nosso serviço todas as noites até à meia-noite.

— *Os ferroviários fazem parte da mitologia sindical, e o pessoal dos restaurantes, não....*

— É esse o drama. É a própria caverna de Platão, em que as sombras projetadas no muro são confundidas com a realidade. Nossos ideólogos só vêem a sociedade através de representações provenientes do século XIX. E o que irrita é que eles impõem essa visão. Por isso, na RATP* os metroviários são tradicionalmente mais considerados e mais bem tratados que os motoristas de ônibus. No entanto, todo mundo pode comprovar que é mais desgastante, mais difícil e até mesmo mais perigoso dirigir um ônibus no trânsito tumultuado de Paris e nas zonas da periferia do que fazer deslizar uma composição sobre os trilhos. Basta ver que esta função poderá um dia ser automatizada, ao passo que isso jamais poderá acontecer com a primeira. Por quê, então, dar ao trilho essa primazia sobre a rua? Simplesmente por razões históricas. Os ônibus substituíram os transportes puxados por cavalos, e seus condutores são os sucessores dos cocheiros, dos postilhões, dos palafreneiros, profissões pouco valorizadas; o metrô, ao contrário, utilizou a técnica gloriosa da estrada de ferro para penetrar nas entranhas da terra. Uma inovação técnica fantástica. Os metroviários reúnem o heroísmo dos mineiros e a coragem dos ferroviários. Cem anos depois, a imagem antiga continua presente.

---

* Empresa de transportes públicos de Paris. (N.E.)

Nossa política social continua sendo baseada em mitos que não têm a menor relação com a realidade vivida pela população.

— Depois do fracasso de Alain Juppé, foi Lionel Jospin quem herdou o dossiê. Um certo número de relatórios o alertaram para a iminência da crise.

— O primeiro-ministro Lionel Jospin, tendo diante de si cinco anos de poder, decidiu... solicitar um relatório, mesmo tendo a gaveta cheia deles. Mas este, o Relatório Charpin, muito bem elaborado, anunciava claramente o que deveria ser feito com a maior urgência e, sobretudo, o que aconteceria se nada fosse feito. Lionel Jospin apressou-se em criar um Observatório das Aposentadorias — coisa que não irrita ninguém — e em encomendar um segundo relatório, mais apropriado. Este, preparado pela irresponsabilidade de René Teulade, apresentou a solução milagrosa para pagar as aposentadorias: bastava manter o sistema tal como estava e decretar que a França teria um crescimento enorme no futuro. O governo Jospin não pediu que ele dissesse isso duas vezes e respeitou escrupulosamente a ordem de não fazer nada.

Negação da realidade

— Em suma, basta mudar as previsões e o problema fica eliminado. Ou, pelo menos, deixar a bomba estourar nas mãos do governo seguinte.

— Eu me lembro de ter participado, no final da década de 1970, de uma comissão do plano para a energia. Dela faziam parte representantes dos sindicatos e das grandes organizações.

Na primeira reunião, foram distribuídas as previsões de crescimento para os 15 próximos anos estabelecidas pelo ministério, em função das quais nós deveríamos definir as necessidades energéticas do país. Incidente! Os sindicatos se recusam a discutir sobre essa base porque há uma indicação de que, dentro de 10 anos, a taxa de desemprego continuará sendo significativa. Eles não querem aceitar essa "resignação" diante do desemprego.

— *E o que foi que aconteceu?*

— Pois bem, remeteram a cópia aos serviços de previsão, que postularam uma taxa de crescimento despropositada, tendo como resultado automático baixar o desemprego anunciado. Os sindicatos ficaram satisfeitos e começamos a discutir novamente... Essa ficção alegrou a Électricité de France, pois lhe permitiu justificar o desenvolvimento de um parque de centrais nucleares superdimensionado. É assim que se procede na França: augura-se que um bom vento de crescimento miraculoso vai surgir e tudo ficará resolvido, tanto o desemprego quando a regulamentação das aposentadorias.

— *Põe-se em prática a negação da realidade em escala bem grande. Se a tomada de consciência não vem da parte dos sindicatos nem da parte dos políticos, de onde poderá vir?*

— Dos fatos! Diante da rebelião dos fatos e dos equilíbrios financeiros, seremos obrigados a reagir e a agir: seja massacrando as pensões, seja elevando os descontos a níveis insuportáveis, ou, de maneira mais sensata, postergando a idade da aposentadoria.

Aposentadoria aos 70 anos!

— É impossível abordar a questão da nova idade e da aposentadoria sem levar em consideração um dado demográfico: o número de idosos tende a crescer cada vez mais. E a França se encontra na situação mais crítica, não?

— A população envelhece por duas razões. Primeiro dado: estamos vivendo mais tempo, portanto o homem médio francês tem cabelos grisalhos. Na França, a idade média da população era de 32 anos em 1975; subiu para 38 anos nos dias de hoje e vai passar a 43 anos em 2025. É uma tendência mundial. Nessa mesma data, a idade média será de 51 anos na Itália, 48 anos na Alemanha, 43 anos na Coréia do Sul, 46 anos na China (por causa da política de um só filho). Em compensação, vai permanecer nos 39 anos nos Estados Unidos (graças à imigração) e em 34 anos no Brasil (que tem ainda uma natalidade grande). Segundo dado: atualmente temos menos filhos, embora tenhamos, relativamente, mais filhos que os alemães, os italianos, os espanhóis. O índice de natalidade é de 1,89% na França, contra 1,30% na Itália e na Espanha. Lembre-se do que dizia Alfred Sauvy: "A aposentadoria são os filhos!" Sob esse ponto de vista, nós não estamos mal colocados. Mas você vê que não se trata de um problema político exclusivamente da França. É uma conseqüência geral do progresso em toda parte em que esse progresso se dá. Nossa boa taxa de natalidade nos situa bem em relação a nossos vizinhos, mas acabamos estragando essa possibilidade tornando-nos os campeões da aposentadoria precoce.

— Os demais países, que também estão vendo sua população envelhecer, não cometeram os mesmos erros?

— Não no mesmo nível que nós, e em toda parte estão voltando atrás. A idade da aposentadoria vem sendo adiada em todos os países. No Japão, trabalha-se pelo menos até os 65 anos, e já se fala em ir até os 70, ou até os 75 anos em 2020. Na Inglaterra, na Itália, na Espanha, a aposentadoria é aos 65 anos para homens e mulheres, na Alemanha, aos 67 anos, e entre 65 e 68 anos nos Estados Unidos. Na Suécia, está previsto um período de pedido de aposentadoria entre 61 e 70 anos e dois terços dos homens estão em atividade entre 55 e 65 anos (na França, apenas um terço). Na Finlândia, todo assalariado pode continuar a trabalhar até os 68 anos, aumentando em um quarto sua pensão.

— *No entanto, neste país antigamente a taxa de emprego dos idosos era a mais baixa.*

— Sim, e ele é exatamente um exemplo que poderia nos servir de inspiração se quiséssemos parar de dar lições ao mundo inteiro. Esses países conseguiram inverter a tendência. Observe que, no caso deles, são os trabalhadores braçais que se aposentam mais cedo e os colarinhos-brancos, mais tarde (na França, é o Banque de France que dá a aposentadoria por antecipação). Não se trata de passar a limpo essas nossas experiências e sim de extrair delas as lições cabíveis. Mas a hora da modéstia ainda não chegou. Quando a França decretou a aposentadoria aos 60 anos e a semana de 35 horas, ela proclamou alto e bom som que se tratava de uma nova forma de progresso social. A Europa, congratulava-se Martine Aubry, vai nos imitar. Onde estão hoje esses países que adoraram o modelo francês?

— *Adiar, portanto, a idade da aposentadoria. Essa proposta parece inconveniente na França, mas, de acordo com o que você diz, seria uma necessidade inquestionável.*

— Mas, veja bem, ninguém está dizendo "70 anos já para todo mundo". Isso seria um absurdo. O Relatório Charpin demonstrava que, se quiséssemos manter nossos descontos e nossas pensões na situação atual, seriam necessários pelo menos seis anos mais de trabalho em 2040. Mas isso não a contar de hoje e, sobretudo, porque também se pode jogar com a alta dos descontos e a baixa das pensões. Seja como for, será preciso permanecer trabalhando por mais tempo. O que vai ser feito jogando com a duração dos descontos. Foi a via seguida pela reforma Fillon. Na teoria, é sempre possível aposentar-se mais cedo e ter uma pensão menor. Na prática, a maior parte das pessoas terá que trabalhar mais tempo para totalizar o número de trimestres necessários a sua aposentadoria. Quando será que vão se decidir a explicar que essa idade terá que aumentar para todo mundo, e que não se trata, em absoluto, de um retrocesso social, e sim de uma necessidade trazida pelo progresso, de uma compensação a nossos anos suplementares de vida?

— *E isso será ainda mais verdadeiro se em breve atingirmos os avanços preconizados por Joël de Rosnay em termos de longevidade.*

— Infelizmente, nós nos recusamos a compreender que não se trata de uma escolha política, e sim do surgimento de uma nova idade. Se esse prologamento da vida se traduzisse em anos suplementares de real senescência e incapacidade seria terrível. Ficaríamos em uma situação insolúvel. Mas não é o caso. A boa fada não nos abandonou e nos deu o essencial para um prolongamento de vida com plena capacidade. Então, não sejamos tolos! Já que os indivíduos estão ganhando esse suplemento de vida e de vitalidade, devem prover suas necessidades sem ser à custa de seus filhos. Observe que, de pouco tempo para cá, só se fala em "aumentar o emprego para os idosos". É um primeiro passo, que parece bem difícil de ser dado. Em suma, estamos tentando, por todos os meios, manter a aposentadoria aos 60 anos quando, na realidade, ela deveria começar em torno dos 65. Ao publicar sua obra, *La Retraite à 60 ans?* [Aposentadoria aos 60 anos?], o economista Robert Rochefort colocou no título um ponto de interrogação. Prudência sensata. Mas, entre nós, franceses, acho que já podemos substituir a interrogação pelo futuro.

CAPÍTULO 9

Trabalhando mais

Por que decretaram que o trabalho é uma calamidade? Para desarmar a bomba da longevidade, é preciso armar-se de bom senso e reabilitar a atividade. Sim, viveremos mais tempo, porém trabalhando. O que não é incompatível com a felicidade.

Dedos do pé em leque

— *Sua demonstração nos levou a uma conclusão inevitável: é preciso inverter a política pretensamente social que vem sendo mantida na França de algumas décadas para cá. Depois de termos tomado consciência de que o suplemento de idade, a vida a mais que nos foi dada, é também um acréscimo de vitalidade, todos nós deveríamos aceitar trabalhar por mais tempo. Mas temo que não venha a ser fácil admitir a aposentadoria aos 70 anos...*

— Para voltar atrás precisamos primeiro fazer um trabalho pedagógico. Lembrar que cometemos um grave erro de nomenclatura ao classificar essa vida a mais na categoria "Aposentadoria" quando deveríamos tê-la inserido na linha "Vida ativa". E explicar claramente o problema: "Você ganhou uma nova idade. Entre 58 e 70 anos, você gozará de plena saúde, será perfeitamente capaz de trabalhar, não estará 'velho' e poderá continuar a ganhar sua vida sem pôr em risco o futuro de seus filhos. Enquanto isso, eles terão que educar os próprios filhos, pagar o aluguel, trabalhar em empresas cada vez mais estressantes, sempre ameaçados de ficar desempregados e sufocados por impostos, reembolsar as dívidas contraídas pela geração anterior, prover as necessidades e as despesas de saúde dos verdadeiros velhos.... Portanto, não é possível que vocês fiquem a cargo dos mais jovens, esperem ficar velhos para isso."

— *De fato, é algo bastante claro. Mas esses jovens de que você fala aspiram igualmente a chegar ao famoso marco dos 58 anos e a ficar por sua vez numa boa. "Agora é nossa vez!", dirão eles, ainda mais pelo fato de estarem desgastados por sua vida profissional. Há uma outra dificuldade grande: eles consideram cada vez mais o trabalho como algo que não faz parte da verdadeira vida, como uma corvéia de que precisam se livrar o mais depressa possível.*

— A questão é a seguinte: o trabalho é compatível com a felicidade? Se ele deve estar presente nesses anos de vida que ganhamos, será que isso significa que se está sendo punido, lesado, desfavorecido, e se precisa renunciar a ser feliz? O drama é que todas as forças políticas e sociais desvalorizaram o trabalho. Há algumas décadas, tinha-se a esperança de que, com a ajuda dos avanços técnicos, o trabalho se tornaria cada vez mais enriquecedor e interessante: o progresso poderia fazer desaparecerem as atividades mais desgastantes, as mais repetitivas, e os empregos poderiam adquirir sentido, fazer parte de uma auto-realização, encontrar espaço em uma vida em expansão. Uma esperança que ora é vista como fora de propósito.

— *A seu ver, o que foi que desvalorizou a esse ponto o conceito de trabalho?*

— Simplifiquemos: ele não resistiu à ação conjugada das forças de esquerda e das forças de direita. Nos anos 1960-1970, tentou-se desenvolver um modelo de empresa capaz de tornar o trabalho menos alienante. A direita se fundamentava na participação dos assalariados, no enriquecimento das tarefas, em uma responsabilidade e autonomia dadas aos diferentes níveis de decisão. Assim, o uso inteligente do progresso permitiria superar a maldição bíblica que pesa sobre o trabalho.

A loucura da rentabilidade

— *As regras do jogo mudaram, pressionadas pela globalização.*

— Infelizmente, esse capitalismo industrial foi substituído por um capitalismo exclusivamente financeiro. Com a transição, o trabalhador sumiu do mapa. A partir de então a empresa passou a ter apenas uma finalidade, não a de ser rentável, o que é indispensável, e sim a de aumentar cada vez mais sua rentabilidade: 10% todos os anos. O assalariado não é mais que um meio, entre outros, de atingir esse objetivo. Um meio que se adapta, se desloca ou se elimina em função da corrida em direção ao lucro. Como o trabalho poderia manter o mínimo sentido em uma economia tão desumanizada? Simultaneamente, vimos no mundo inteiro os patrões concederem a si mesmos salários que poderiam ser considerados um abuso do bem social. O que provoca o desânimo dos que trabalham e acaba desmobilizando até os quadros superiores. Por que, então, trabalhar como uma besta só para ver os empresários de plantão fazerem fortuna em poucos anos? O capitalismo financeiro desvalorizou de tal maneira o trabalho que fez dele um antivalor, um objeto de rejeição.

— *A esquerda não se portou melhor. Ela, que antigamente dava o maior valor ao esforço e aos que trabalhavam bem, também desvalorizou o trabalho.*

— Exatamente. O progresso social traduziu-se em uma redução quantitativa do trabalho, mas ainda mantinha seu valor qualitativo. A esquerda o destruiu. A partir de então, o trabalho melhor passou a ser o menor trabalho. A esquerda multiplicou medidas que veiculavam a mesma mensagem: "Quanto menos se trabalha mais se é feliz!" Pedindo sua aposentadoria mais cedo, trabalhando apenas 35 horas por semana... As 35 horas tiveram um efeito desmobilizador extraordinário, foram o luto desse trabalho que poderia ter tido sentido e interesse. A partir dessa medida, a verdadeira vida despencou no sentido do lazer. A esquerda abandonou a idéia de reformar o trabalho para torná-lo mais humano. Ela o reduziu irremediavelmente a seu aspecto alienante. Ele não é mais um valor. Enquanto os assalariados americanos vivem sua entrada na aposentadoria como um drama, os franceses, em sua maioria, sonham apenas com parar o mais cedo possível. Hoje em dia isso está bem claro: aquele que pode viver sem trabalhar é considerado mais feliz do que aquele que trabalha.

— *Estamos, decididamente, no reinado do paradoxo, pois essa depreciação do trabalho se produziu exatamente no momento em que ele se tornou menos desgastante...*

— ... ou, objetivamente, o progresso nos deu os meios que poderiam torná-lo menos desgastante. Adotamos máquinas para realizar as tarefas mais penosas, que antigamente extenuavam fisicamente os homens. Mas passamos da empresa tipo anos 1960, que era gerida levando em conta o interesse dos funcionários (e não apenas o dos acionistas), para uma empresa financeirizada, em que se corta cada linha do orçamento — são os famosos *cost-killers** — buscando, de maneira obsessiva, maneiras de produzir cada vez mais com menos pessoas e menos meios.

Digite sua senha

— O que, aliás, dá mostras de má gestão: o pessoal, desmotivado, não concorre para o dinamismo da empresa e esta se lança na competição com seus meios reduzidos, como que deficiente. Em suma, tornaram o trabalho insuportável de uma outra maneira.

— Atualmente, ele se tornou mais pesado e mais estressante, em muitas empresas, sobretudo para os funcionários. Além disso, a esquerda aumentou o nível do salário mínimo (a França é o país em que ele é mais alto), o que teve como conseqüência levar os patrões a substituírem os homens por robôs. Temos uma bela demonstração do que acontece quando tentamos entrar em contato com o banco ou fazer uma reserva de viagem.

— Marque 1, digite #, digite sua senha, aperte *. Não entendi seu pedido. Até logo!

---

* Em inglês no original: "Os que eliminam custos". (N.T.)

— É assim mesmo. Os bancos, sobretudo, devido ao atendimento eletrônico, suprimiram bons empregos em que se que cultivavam as relações humanas, se criavam laços e que não eram ameaçados pela China, e os substituíram por robôs telefônicos. As 35 horas que aumentaram o custo do trabalho, a exigência de uma super-rentabilidade, a pressão crescente do desemprego sobre os ativos, a desumanização das empresas... tudo caminha no mesmo sentido. Tudo isso produziu uma França dividida entre os que vivem em um estresse permanente e os que contam seu RTT*. Aqueles que poderiam amar seu trabalho não o têm, e aqueles que têm um emprego não amam seu trabalho. Fica impossível considerar o trabalho pelo que ele é: um esforço, uma obrigação, que pode também, mesmo que não automaticamente, enriquecer a existência.

— *Essa rejeição ao trabalho se manifesta até mesmo nos mais jovens que, aos 25 anos, já estão calculando quanto falta para a aposentadoria.*

— Inúmeros jovens na França estão hoje persuadidos de que trabalhar é deixar-se vencer, é ser tolo, e que a felicidade começa quando o trabalho acaba. Sem se dar conta, porém, de que, ao cultivar esse estado de espírito, eles estão estragando sua vida profissional. Passou a ser ponto pacífico que, em sua trajetória profissional, todos vão babar, suar, ficar de língua de fora até o momento em que, enfim!, não trabalharão mais. Não podemos continuar assim. O trabalho é uma necessidade, não façamos dele uma maldição! Para isso, é preciso melhorar o conteúdo das tarefas, as condições de trabalho, e também as contrapartidas. O que há de

---

* *Récuperation du temps de travail*, compensação de horas extras trabalhadas com horas de folga. (N.E.)

penoso, verdadeiramente, e que podemos constatar nesse campo e não nos acordos sindicais, deve ser recompensado, sim, e as profissões que não mais atraem devem ser mais bem remuneradas. Trabalhadores manuais na frente dos intelectuais? Por que não?

Esquadrão de fadas

— *Se, como você diz, não temos outra solução a não ser mandar a população da nova idade de volta para o trabalho, isso será ainda mais difícil pelo fato de ser considerado uma calamidade. A crise que você descreveu é econômica, social, cultural, e também está ligada à psicologia coletiva e entra em choque com o consenso hipócrita de todos os atores, tanto dos sindicatos como dos políticos, tanto da direita quanto da esquerda. Precisaríamos de um esquadrão de fadas para conseguir sair disso!*

— As coisas não são tão complicadas quanto se imagina... A população ativa não parou de crescer: de 21,5 milhões de pessoas em 1968 para mais de 26,5 milhões hoje. Mas, agora, nunca atingiremos os 27 milhões. A partir de 2006, o número de pedidos de aposentadoria supera o de entradas no mercado de trabalho e o decréscimo vai se dar, inevitavelmente. É o choque de 2006 já prenunciado por Michel Godet. Ora, a França já vem sofrendo uma carência de mão-de-obra, não quantitativa, mas qualitativa. É um assunto de que quase não se ousa falar, são fatos politicamente incorretos. Mas os empregadores vêm tendo dificuldades em obter candidatos para metade das ofertas de empregos, e isso atinge cerca de 80% em certos setores. São centenas de milhares de empregos que não encontram candidatos na construção civil, nos restaurantes, no comércio, no artesanato. Amanhã vamos ter falta de qualificações mais elevadas, de cirurgiões a técnicos em eletrônica. A dificuldade de encontrar pedreiros na França chegou a virar tema de piadas que fazem os *best-sellers* de alguns autores ingleses. Fingir que não há falta de bombeiros franceses — para conjurar o fantasma do bombeiro polonês — é algo que demonstra o mais cego corporativismo.

— *Carência de mão-de-obra e taxas de desemprego significativas, como vimos, não são incompatíveis.*

— As duas caminham juntas. Pois entre os desejos e a formação dos jovens, por um lado, e a realidade do emprego, por outro, há um abismo. Há provavelmente mais pessoas com a competência buscada entre os idosos que entre os jovens. Manter pessoas acima de 60 anos trabalhando não vai aumentar o desemprego para os jovens, ao contrário, vai criar a atividade que, por sua vez, irá gerar novos empregos.

— *Alguns vêem como solução recorrer à imigração para suprir essa carência.*

— É uma ilusão. Ou acabamos acolhendo uma mão-de-obra desqualificada, trazida pela miséria, e assim teremos um número ainda maior de desempregados sem formação, falando mal o francês, o que não vai de modo algum resolver nossas dificuldades econômicas. Ou, então, teremos que importar especificamente homens e mulheres que tenham as qualificações que buscamos, e, de minha parte, acho escandaloso atrair engenheiros e médicos marroquinos, nigerianos, senegaleses ou turcos, retirando-os de seus países, que precisam realmente deles. A imigração não é, de maneira alguma, uma solução para os problemas da França.

— *E onde está, então, a solução?*

— Temos que encontrá-la dentro do próprio país. O que supõe que se mantenham em atividade as pessoas de que precisamos e que se revalorize efetivamente o trabalho, sobretudo o das profissões que estão tendo um déficit de demanda. É muito simpático preservar um bom *status* para os profissionais eventuais do mundo do espetáculo. Mas quando vemos a multidão que ocorre ao menor anúncio pedindo atores para uma peça e as poucas respostas às ofertas de empregos nos canteiros de obras temos que dizer que seria mais judicioso preservar o *status* do pessoal da construção civil que o dos atores.

Aposentadorias à la carte

— *O que os outros países fizeram para estimular os idosos a continuar a trabalhar?*

— A Finlândia, a Suécia, a Dinamarca, a Noruega elaboraram uma política atuante para o emprego de idosos. Criaram condições que tornam interessante a acumulação de uma aposentadoria e um emprego: trabalhar mais tempo permite melhorar consideravelmente a própria aposentadoria. Esses países também reorganizaram as carreiras: acima de certa idade, por exemplo, um professor pode ser o formador de jovens mestres. Pode-se, igualmente, promover uma formação profissional permanente, que permita uma atualização de conhecimentos. E que ninguém me venha com essa história de que depois dos 50 anos ficamos de tal forma limitados que não podemos mais aprender novas técnicas! É preciso ainda que os parceiros sociais nas empresas se empenhem na reorganização do trabalho... Repare que nesses países o emprego dos idosos tornou-se uma prioridade governamental. Isso é algo novo. Aqui, as primeiras discussões entre patrões e sindicatos revelam mais uma vez o quanto toda a nossa sociedade está paralisada. Sendo nossa regulamentação do trabalho sempre muito precisa — é o que dizemos —, é impossível proceder por meio de simples estímulos. É preciso prever modificações nos regulamentos. Infelizmente, não temos a arte da negociação da socialdemocracia.

— *Então, de que maneira teríamos que proceder?*

— Não se trata de decretar que, de hoje em diante, todo mundo vai trabalhar até os 70 anos e que a aposentadoria então vai cair como uma lâmina de guilhotina. Em algumas profissões é preciso parar aos 55 anos. Outras permitem que se prossiga por muito mais tempo. Podemos imaginar fases de lenta desaceleração da atividade. O trabalho entre os 55 e 70 anos está por ser inventado. Essa vida pode ser rica em experiências sem estar dedicada exclusivamente ao lazer, e comportando uma parte de trabalho, e não apenas de atividade. É preciso autorizar diferentes fórmulas, prever aposentadorias progressivas, aposentadorias *à la carte*, aposentadorias parciais... As empresas poderiam aceitar idosos com carga horária reduzida e salário igualmente reduzido, permitindo-lhes combinar emprego com aposentadoria. Não se deve ser doutrinário nessa questão. E, para começar, suprimir esta aberração: o salário na velhice, que faz com que se ganhe mais dinheiro quando se tem menos necessidade dele, e que sai caro no momento mesmo em que nos tornamos mais vulneráveis. Infelizmente, na França toda inovação social tem que passar por uma regulamentação prévia.

— *O princípio é a flexibilidade. Não mais conceber a idéia de um trabalho em tempo integral seguido de uma parada brutal.*

— Eu sonho ver táxis que só trabalhem nas horas de pico e funcionários que venham dar um reforço durante algumas horas nas repartições a fim de que todos os guichês possam ficar abertos. Se, depois dos 60 anos, lhe permitirem trabalhar em condições que lhe sejam convenientes, que você possa levar de acordo com seu ritmo e que melhorem sua aposentadoria, por que não? Se pensarmos bem, existe todo tipo de soluções para melhor gerenciar as carreiras, desde que os assalariados nelas se reencontrem e se beneficiem com ganhos complementares para ajudar as pensões, que serão assim fortemente reduzidas, e que os empregadores se vejam também inclinados a ir buscar funcionários na reserva de mão-de-obra dos 60-70 anos. É preciso facilitar as coisas, mas não por decreto. Não há receitas prontas. Não vamos fazer novamente a mesma asneira: depois da aposentadoria para todos aos 60 anos, aposentadoria para todos aos 70 anos!

Felizes, trabalhando

— *A condição prévia de tudo isso, pelo que entendemos, é de natureza psicológica: é preciso reavaliar a idéia de trabalho. Como fazer?*

— É, de fato, o primeiro passo. Se restaurarmos o valor do trabalho, vamos reencontrar o dinamismo, o desemprego vai diminuir, vamos deslanchar a máquina e tudo mais virá em seguida... Portanto, vamos repensar o trabalho para que ele não seja mais considerado uma maldição, para que possamos nos sentir felizes trabalhando. Com o progresso, podemos perfeitamente ser produtivos não realizando tarefas idiotas nem nos matando no batente. É esse o desafio. É preciso ter coragem de repetir isso em todos os tons: o trabalho é uma função da existência como qualquer outra. Pensávamos nos livrar dele antes dos 60 anos. Tanto melhor para aqueles que puderam se aproveitar disso, mas seus sucessores não poderão mais fazê-lo. Que fazer, então? Implantar o trabalho forçado para os sexagenários? Tornar-nos anoréxicos ao trabalho, a ponto de vomitar assim que sairmos para trabalhar? A ociosidade não é a mãe de todas as alegrias! Escolher entre as necessidades é o começo da sabedoria.

— *Mas ainda será preciso convencer...*

— Estou consciente de que apenas o discurso é insuficiente para inverter os rumos. Mas os fatos vão explodir em nossa cara. A realidade será revolucionária, como dizia Lênin. Dentro de mais alguns anos não se poderá mais viver unicamente com a aposentadoria. Então, ou as gerações entrarão em guerra, com um poder grisalho esforçando-se por persuadir os ativos a manterem, sem reclamar, aqueles direitos e a deixar que lhes arranquem seu imposto, ou então se deverá admitir que os idosos devem continuar a trabalhar em condições decentes. O sobressalto virá da necessidade e não da convicção. E acontecerá quando o sistema atual tiver atingido seus limites.

— *Em suma, não haverá reação enquanto não se tiver tomado umas palmadas. É isso?*

— Como no caso dos automóveis: foi preciso haver 15.000 mortes em estradas para que se regulamentasse a velocidade.

Tudo que Joël e Jean-Louis disseram é verdade no plano individual. Mas agora temos de adaptá-lo à coletividade para podermos tirar proveito disso. Como o carro, a longevidade é um fantástico instrumento de libertação, mas, a partir do momento em que todo mundo dispuser dela, será, sem dúvida alguma, necessário encontrar um modo de utilização para que a satisfação de uns não se torne a obrigação de outros. Além disso, há uma lógica nessa história: a população ativa diminuiu, portanto é preciso aumentá-la. Não podemos fazer isso pela imigração, então temos que fazê-lo com a mão-de-obra disponível na própria França, isto é, reinventar o trabalho e, por conseguinte, mudar as condições de trabalho, reconciliar o homem com seu trabalho...

— *Ou seja, é tudo uma questão de bom senso.*

— Reconheço que é complicado admitir tudo isso. É preciso que se compreenda que não é um escândalo afirmar que os sexagenários devem trabalhar, pois isso é uma necessidade evidente. Ao contrário, é uma anomalia o fato de eles não trabalharem. Uma vez recolocadas no lugar essas idéias, vai ser possível reconstruir as coisas. Por que temos que meter na cabeça que se trabalharmos nessa idade não vamos aproveitá-la? Isso é mentira. Eu certamente sou um privilegiado porque tenho um trabalho pelo qual sou apaixonado. Mas acredito, realmente, que a maior parte das profissões poderia não ser incompatível com a felicidade se soubéssemos organizá-las adequadamente.

— *Nós vamos viver mais tempo em forma, com a mente viva e... trabalhando!*

— Cabe a nós sermos suficientemente inteligentes para podermos levar essa vida sem ficarmos totalmente a cargo de nossos filhos, e sendo felizes. É um desafio que o progresso nos lança: aprenda a lidar com esse suplemento de vida que eu lhe ofereço, faça dele um fermento de felicidade para você e para a sociedade, e não uma fonte de antagonismo. Não é impossível ser feliz trabalhando, sem excessos, para se encaminhar a uma aposentadoria tranqüila. Estou convencido de que não é tão difícil assim encontrar um bom uso para a longevidade. Ganhar mais vida é um belo presente. Cabe a nós saber utilizá-lo e usufruir dele.

Epílogo

Dominique Simonnet: *Antes de concluir nossa conversa, é preciso lembrar que os pontos de vista expressos neste livro são pontos de vista de homens privilegiados, que vivem em uma sociedade que, mesmo em vias de se ver envolvida em uma crise de grandes proporções, nem por isso deixa de ser uma das mais prósperas deste nosso pequeno planeta.*

Joël de Rosnay: Não temos a pretensão de propor um modelo que possa ser aplicado a todos. Não fizemos aqui mais que descrever as principais tendências científicas, psicológicas, econômicas e sociais a que vamos nos ver submetidos, de maneira que elas sejam levadas em conta pelos governantes, pelos indivíduos, e principalmente pelos jovens. Pois, vamos repetir mais uma vez, é desde a mais tenra idade que constituímos nosso capital de longevidade, pela alimentação, exercícios, higiene, auto-estima, relação com os outros...

Jean-Louis Servan-Schreiber: O essencial é provocar uma tomada de consciência nos indivíduos. Mesmo que não se chegue a modificar as políticas, cada um pode, pelo menos, agir em termos pessoais. Obviamente, a longevidade não é vivida da mesma maneira pelos homens e pelas mulheres, e essa diferença se acentua com a idade, pois as mulheres vivem sozinhas por mais tempo. Mas os dois sexos se vêem igualmente envolvidos pela crise de nossa sociedade, que está em vias de vir à tona.

François de Closets: Não somos os mais representantes dos sexagenários, e é exatamente isso que dá legitimidade a este livro! Somos, todos três, mimados pelos acasos da existência, nos beneficiamos de um bom patrimônio genético, nos comportamos bem, pelo menos até o momento, temos uma carreira apaixonante... Mas, nem por isso cedemos à tentação da auto-satisfação, muito pelo contrário: proclamamos aqui que essa felicidade que descobrimos ao chegar aos 60 (e, no que me diz respeito, aos 70) deveria estar ao alcance dos outros. Por que a chance que tivemos não deveria ser partilhada? Podemos agir sobre uma das causas: a falta de informação. Vamos tomar como exemplo a obesidade: nos Estados Unidos, são os pobres os que mais sofrem com ela simplesmente porque não foram aconselhados a respeito do que deve ser uma boa alimentação. Do mesmo modo, inúmeras pessoas não aproveitam o fato de "ganhar mais vida" porque não sabem orientá-la. Bastaria muito pouco para preencher essa falta: ao contrário do que acontece com o dinheiro, a informação que permite manter-se saudável está ao alcance de todo mundo.

J. de R.: Se a longevidade se democratizar, as tensões que começam a criar fissuras em nossa sociedade aumentarão ainda mais. Por ser um cientista, posso prever que as novas descobertas irão levar a resultados cuja aplicação será cada vez mais provável. Os pesquisadores não vão parar de trabalhar nessa questão, muito pelo contrário, pois ela se apresenta como um dos grandes desafios da biologia do século XXI. A longevidade se tornará, portanto, um dado inevitável para a humanidade. É por isso que estamos exatamente no momento, a meu ver, de abrir na França, e evidentemente em toda a Europa, um grande debate público na mídia sobre seus desafios econômicos, políticos e sociais.

A morte escolhida

D.S.: *Estamos todos de acordo quanto a uma constatação: a longevidade vai se impor, nós vamos viver por mais tempo e em melhores condições de saúde. Mas, além da crise que essa democratização vai suscitar em nossa sociedade, podemos nos perguntar se essa corrida no sentido do prolongamento da vida é verdadeiramente desejável para o indivíduo. Até que ponto empurrar adiante a saída fatal?*

J. de R.: Querer viver por mais tempo e estar preparado para isso poderia ser considerado um novo direito do ser humano. Mas a longevidade remete de imediato à questão da própria morte. Em dado momento, pode-se ter vontade de parar. Quem vai decidir? Quem fará isso? Poderemos recorrer a organismos especializados? Até que ponto a eutanásia será aceitável?

F. de C.: Assim como a ciência e a medicina possibilitam prolongar a terceira idade, oferecendo anos de vida plena, elas podem vir a prolongar a quarta idade, mas, desta vez, por meio de um superconsumo médico desenfreado. Iremos pressionar os jovens casais ativos para que sustentem as viagens do papai e também o interminável coma dos avós ou dos bisavós? Atualmente, leva-se de três meses a até mesmo um ano para morrer. Amanhã isso poderá estender-se a três anos, órgão por órgão. Como disse a recente lei a respeito do deixar morrer, que é uma verdadeira revolução na medicina, cabe ao indivíduo dizer: "Pare! Eu não quero mais ir adiante!" Essa decisão precisa ser longamente amadurecida. Ela não deve ser tomada tardiamente, em um estado de esgotamento e derrocada, em meio às névoas de uma consciência que se desfaz. É por se ter construído a própria vida com total lucidez a respeito desse ponto final que se pode ter a determinação de parar. Mas são duas decisões bem diferentes: "Eu não quero que prolonguem minha vida" é uma, que começa a ser aceita. "E eu decidi pôr um ponto final" é outra.

J.-L.S.-S.: O que traz uma questão filosófica fundamental e nova: a do suicídio racional como destino último. O que é que nos escandaliza na morte de alguém? É o fato de morrer contra a sua vontade. A morte de um ser jovem é sempre perturbadora; aceita-se mais facilmente o de um velho já muito desgastado, pois assim a morte é sentida como um fim normal. Mas agora nos vemos diante de um novo dilema: eu estou ainda gozando de boa saúde, e lúcido, mas prefiro parar antes que isso se torne penoso para mim e para os outros. Esse estoicismo está muito distante não só da mentalidade atual como também do instinto mais profundo de cada um. A resposta só pode ser individual.

O fim da velhice

D.S.: *Nós dissemos no início deste livro que, com exceção de alguns iluminados, ninguém acredita seriamente na imortalidade, e, quer queiramos, quer não, todos aceitamos a idéia de que um dia teremos que morrer. Mas será que não estamos cultivando uma outra utopia: a do fim da velhice? Pois passamos a recusar a* *senescência, sonhamos com um elixir da juventude que nos ofereceria uma juventude, se não eterna, pelo menos prolongada até o fim. Vamos morrer, certamente; mas morrer jovens e, eu ousaria dizer, gozando de boa saúde.*

J. de R.: Especialistas em envelhecimento falam em "morbidez compactada", em "envelhecimento retardado" ou mesmo em "envelhecimento suspenso". Podemos imaginar que, em breve, 90% das pessoas estarão vivas aos 90 anos (vamos obter estatisticamente o que os demógrafos chamam de "curvas quadráticas" de envelhecimento da população). A seguir, no decurso de um período relativamente breve, elas morrerão muito rápido e em condições pouco dispendiosas para a sociedade. Atualmente, os de mais de 60 anos representam perto de metade do total de despesas de saúde, com as quais uma maior parte é sobrecarregada nos três últimos anos de vida. O desafio é prolongar não tanto a velhice quanto a juventude, e agir de maneira que as pessoas idosas possam agregar valor à sociedade. Elas têm experiência, competência, sabedoria, capacidade de situar os acontecimentos em seu contexto, de religar nossa realidade à história. Em vez de excluí-las do mundo ativo, como hoje se faz, seria preciso, ao contrário, integrá-las. Não podemos inventar e criar o futuro se cortarmos suas raízes.

F. de C.: É provável que os extraordinários progressos da ciência venham a nos fazer sobreviver, à custa de órgãos artificiais e de ajudas de todo tipo, durante meses e anos. Inconscientemente, implantamos não só o direito, mas o dever de consumo médico: devemos nos cuidar, fazer operações, divertir-nos. É com esse espírito que exigimos que a medicina prolongue nossa vida. Respeitar o direito de cada um de deixar-se morrer supõe, portanto, uma verdadeira revolução cultural. Dito isso, constatamos que as internações de reanimação diminuem à medida que descobrimos a possibilidade de, com isso, prolongar a vida de pessoas em coma. Nós nos damos conta de que isso não tem o menor sentido e que é preferível deixar que se desliguem.

J. de R.: É, pois, importante decidir em que se investe... Em um artigo intitulado "Une nation d'hypocondriaques veillissants" [Uma nação de hipocondríacos envelhecidos], Jean de Kervasdoué, ex-diretor dos hospitais do Ministério da Saúde, dizia o seguinte: investir preventivamente na educação, ensinar as pessoas a adotarem um modo de vida equilibrado, devido principalmente aos conselhos e ao exemplo dos pais, sobretudo das mulheres que receberam uma educação sólida. Em síntese, levar em conta o que chamamos aqui de "bionomia" é tão importante quanto gastar bilhões de euros com medicamentos de final de vida!

J.-L.S.-S.: Mas é preciso começar no seio da família e na escola, desde o ensino primário, apresentando às crianças noções como as de gestão do próprio corpo, a auto-imagem e o olhar dos outros, a necessidade de se comunicar, um conjunto de regras simples e pouco dispendiosas que permitem melhorar facilmente seu modo de vida. Uma boa alimentação saudável não custa mais caro que uma má: uma salada não tem um custo exorbitante, o frango também não. Quanto ao exercício, ele é gratuito para todo mundo. Quanto mais nos mantivermos em boas condições, menos medicamentos iremos consumir. É adotando reflexos cotidianos, comportamentos, hábitos, que aprenderemos a viver bem e, portanto, a envelhecer bem. E podemos, assim, esperar formar indivíduos capazes de pensar a própria vida e, portanto, de pensar a própria morte.

J. de R.: A questão, portanto, como repetimos ao longo deste livro, é saber administrar a própria vida ao longo dessa duração. Hoje ninguém mais "tem tempo". Ninguém "possui" o tempo. Mas podemos nos dar tempo, podemos também constituir um capital tempo e "aplicá-lo" para dele retirar rendimentos temporais em vez de deixar tudo para o dia seguinte, de maneira cronológica, mas desordenada. O que obriga a fixar novamente prioridades, a privilegiar períodos e atividades que têm valor para nós. Deveríamos considerar nossa vida como uma obra a ser realizada. Um quadro de um mestre em um museu nos toca: quando olhamos para ele, nos comunicamos com o artista ultrapassando os séculos, nos tornamos seu co-autor, pois foi sobre esse mesmo original que hoje vemos que o pintor trabalhou. Nós temos apenas uma vida. O supremo desafio, a "suprema arte" seria chegar, qualquer que seja nosso nível de educação e de influência, a dela fazermos, também, uma obra única e original. Uma grande e bela criação pessoal.

A ditadura dos idosos

D.S.: *Estamos, portanto, caminhando para uma sociedade cada vez mais idosa, carregada de experiências e de histórias. E não avaliamos ainda todas as conseqüências disso sobre nossos modos de vida. Por exemplo, o casal: temos dificuldade em imaginar dois indivíduos vivendo juntos durante 80 anos, e já sabendo que os divórcios são numerosos. É provável que as famílias venham a ser multiformes, divididas, decompostas e recompostas, que os laços de parentesco venham a ser embaralhados. A longevidade vai, certamente, mudar nossa maneira de viver e de amar. Podemos temer igualmente que uma fratura social possa se estabe-*

lecer entre velhos ricos, que vão pagar caro o preço da própria longevidade, e velhos pobres, que não terão meios de levar tão adiante a longevidade, e até mesmo um conflito entre gerações (os de mais de 60 anos serão em breve na França mais numerosos que os de menos de 20 anos). Após o terrorismo juvenilista que hoje grassa, estamos arriscados a ter o advento de uma ditadura dos idosos.

J. de R.: De fato, pode-se temer que haja, nos países industrializados, um racha entre velhos ricos e poderosos que resistam à mudança e finquem os pés em seu capital e seus lucros, velhos "clássicos" mantidos no estado de "velhice suspensa" por meio de próteses médicas, e jovens esmagados pelo peso de encargos, que verão sua influência diminuir... Teremos, então, uma "falta de falecimentos", como profetizou um autor americano um tanto provocador,[30] levando a uma população de pessoas cada vez mais velhas, cada vez mais ricas porque terão investido seu dinheiro muito cedo, e que terão em mãos por muito tempo o poder. Certos países em desenvolvimento, que não têm diante de si essa barreira do envelhecimento, emergirão talvez e se tornarão os inovadores e os criadores da sociedade de amanhã.

F. de C.: Entre as bombas que estamos deixando se acumularem, há a do dinheiro, gerada pelos que estão entre 25 e 58 anos, porém gasta pelos de 0 a 25 anos e os de 58 a 100 anos... Mas há ainda uma outra, destruidora: a do poder. O poder político pertence às pessoas que têm tempo, e é por isso que está atualmente nas mãos dos funcionários. Amanhã, ele será apropriado pela classe dos aposentados, que não têm mais nada a fazer e que vão pressionar a classe ativa. É, pois, necessário pôr tudo isso em pratos limpos, reconsiderar as medidas tomadas em 1945, época em que os equilíbrios demográficos eram outros, e reconstruir tudo com olhos na realidade do terceiro milênio.

J. de R.: No entanto, creio que nosso país tem uma forma de sensibilidade intuitiva para todas essas grandes questões, que se expressa por um mal-estar existencial. São inúmeros os seus sintomas: o grande consumo de tranqüilizantes e de álcool, o consumo de drogas pela juventude, a conduta agressiva dos motoristas, a obsessão por ter animais como companhia... Isso já se traduz em crises agudas, na entrada, no meio e na saída da vida ativa: a da educação, a da previdência social e a da saúde com descontos cada vez maiores e reembolsos cada vez menores, a das aposentadorias e da velhice. Temos que acrescentar ainda uma quarta: a crise do futuro, a inadequação crescente entre a vida de hoje e a necessidade de planificação de um futuro visto como inquietante e que, não raro, nos planos científico e técnico, já amedronta a muitos. A "bomba da longevidade" de que falamos neste livro seria talvez um dos aspectos ou um dos reveladores desse grande mal-estar existencial.

A crise necessária

F. de C.: Eu gostaria de acrescentar o sintoma eleitoral: de 30 anos para cá, a única maneira de ganhar uma eleição na França é não estar no poder, ou então ser um presidente que apenas o partilha. Ninguém é reeleito a partir de um balanço de seu exercício. É verdade que a falta de alternância seria também uma fonte de mal-estar. Mas essa rejeição sistemática acarreta uma incerteza que é patética.

J.-L.S.-S.: Nos últimos 50 anos, depois da entrada em vigor do Estado previdenciário, produziu-se uma inversão de valores. Antes, havia o partido da conservação e o partido do movimento (que era sempre de esquerda). Isso se inverteu completamente: no início do século XXI, é agora a esquerda que defende valores de conservação (a manutenção da situação contra tudo e contra todos, a defesa dos direitos adquiridos) e que ataca o que chamamos de "liberalismo", ou seja, *grosso modo*, a iniciativa pessoal, a liberdade individual, a competição desenvolvida por cada um para determinar seu destino e assumir suas responsabilidades. Seria dramático se a juventude se visse totalmente cooptada pelos valores da conservação e quisesse entrar na vida ativa tendo como objetivo pedir sua aposentadoria aos 55 anos. Essa inversão dos valores perturba os espíritos, ainda mais pelo fato de reforçar a desaceleração econômica quase endêmica de nossos países desenvolvidos. Não sabemos mais que energias retomar (não temos os recursos tecnológicos, nem os recursos naturais, nem as novas gerações). E, como novidade última, a irreversível ascensão, com força, da concorrência asiática põe profundamente em questão nossos equilíbrios econômicos. Portanto, haverá inevitavelmente uma crise de grandes proporções. E, pelo menos no momento, não vemos saída para ela. Neste livro nós não oferecemos soluções, dizemos simplesmente que estamos atingindo o nível do intolerável.

F. de C.: Vamos quebrar a cara e talvez seja até bom! Pois tudo isso tem também aspectos positivos. No plano econômico, temos muitas possibilidades: a população ativa diminui e o número de trabalhadores qualificados também; o prolongamento da atividade para além dos 60 anos não deveria, pois, ser um peso para a economia. Ao contrário, é uma necessidade. Segunda possibilidade: tudo foi feito no sentido de que tanto os mais jovens quanto os mais velhos considerem o trabalho como um fardo mortífero. Pois bem, a crise econômica vai nos obrigar a rever essa idéia absurda, e vai evitar que despenquemos em um abismo insondável. Pois o homem não pode se construir fora de seu trabalho. Se voltarmos ao batente, a economia nos dirá: "Isso foi bom, eu estava exatamente precisando de você!" Nesse sentido, a crise será benéfica para nós.

Ter bom senso!

D.S.: É importante dizer e repetir que, mesmo que atualmente haja um antagonismo entre as aspirações individuais e as realidades da sociedade, não há incompatibilidade entre elas. Com um pouco de bom senso e de inteligência, podemos reconciliá-las. Em uma palavra, é possível uma sociedade de longevidade feliz. Cabe a nós inventá-la.

J. de R.: Podemos pensar, como sugere o sociólogo Patrick Viveret,[31] que existem na humanidade energias invisíveis de sobrevivência e de desenvolvimento alicerçadas em valores implícitos que as grandes religiões sempre propagaram: "Constrói a ti mesmo na relação com os outros, dá mais do que recebes, pensa no que virá." A necessidade de tomar o destino nas próprias mãos, de aprender a viver bem, a envelhecer bem e a morrer bem reúne esses princípios. É preciso, portanto, procurar conciliar, de fato, os dois: aproveitar individualmente o que a vida nos dá, cultivar a iniciativa pessoal (com tudo que isso supõe de poder de conquista, mas também de inovação) e, ao mesmo tempo, aceitar uma redistribuição generosa e altruísta dos saberes e dos bens para que o conjunto da humanidade possa se beneficiar deles e evoluir. É certamente nossa sociedade inteira e nosso futuro que estamos pondo em causa quando nos interrogamos sobre a longevidade e a morte. Temos agora a oportunidade de reconstruir uma sociedade em que se viverá mais tempo e, talvez, se assim quisermos, em melhor harmonia uns com os outros. É um belo desafio, não?

J.-L.S.-S.: Nós poderíamos passar a bola para os tomadores de decisão e governantes e dizer-lhes: "A sociedade não pode continuar como está, é preciso que vocês intervenham." Mas sabemos que, na história, as verdadeiras transformações da sociedade resultam sobretudo de mudanças individuais que se acumulam e acabam impondo uma nova visão. Foi o que aconteceu com a paz na Europa nas últimas décadas: se não houve guerras, não foi apenas porque se criou uma instituição européia, e sim porque os cidadãos de todos os países adotaram valores de recusa à violência, a ponto de eles hoje nos parecerem óbvios (o que levou, igualmente, à supressão da pena de morte, medida que não é considerada natural em outros países). O único meio de dominar as contradições que evocamos neste livro, entre a vontade individual de longevidade e as suas conseqüências na coletividade, é, realmente, a formação dos espíritos, o despertar de uma tomada de consciência de cada um. O que é algo que vai levar tempo, talvez uma ou duas gerações... Mas não temos outras opções.

F. de C.: Também quero considerar as coisas por um ângulo positivo. As crises em geral chegam repentinamente: um *tsunami*, uma guerra... É um "menos" para todos, e é preciso recomeçar do zero. Desta vez nós temos uma oportunidade inédita: é uma crise que nasce de um "mais", uma terceira idade que vem se intercalar entre a maturidade e a velhice. Uma sorte, desde que saibamos aproveitá-la. Esse "mais" nos obriga a sermos inteligentes. Há duas realidades sem as quais não podemos construir uma sociedade: o trabalho e a morte. Atualmente, nossa sociedade não tem resposta nem sobre uma nem sobre a outra. Entre a cenoura e o bastão*, entre essa vida a mais e a ameaça de uma explosão, vamos ser forçados não a esperar uma revolução cultural, mas simplesmente a reencontrar o bom senso. Primeiro, porque nós somos mortais e, segundo, porque temos que trabalhar. Cabe a nós construir uma sociedade que integre essa dupla realidade. Na realidade, a filosofia deste livro é bastante simples: você precisa contar consigo mesmo para poder sair disso; mas você não vai conseguir sair sozinho. Eu quero crer que possamos vencer esse desafio. Assim teremos mesmo merecido ganhar mais vida!

---

* Alusão a conhecida historieta na qual um carroceiro quer obrigar seu burrico a andar usando primeiro o bastão e depois a cenoura, e conclui que o estímulo é mais eficaz que o castigo. (N.T.)

Bibliografia complementar

Jean-Michel Charpin, Catherine Zaidman e Jean-Marc Aubert, *L'Avenir de nos retraites. Rapport au Premier ministre.* Organizado por Jean-Michel Charpin com a colaboração de Catherine Zaidman, Jean-Marc Aubert, Lucile Olier, Paul Pelé. La Documentation française, 1999.

Régis Debray, *Le Plan vermeil. Modeste proposition*, Gallimard, 2004.

Michel Godet, *Le Choc de 2006. Pour une société de projets*, Odile Jacob, 2004.

Serge Guérin, *Le Boom des seniors*, Economica, 2000.

Jean-Claude Henrard, *Les Défis du vieillissement*, La Découverte, 2002.

Robert Rochefort, *La Retraite à 70 ans?*, Belin, 2004.

Claude Vimont, *Le Nouveau Troisième Âge*, Economica, 2001.

Notas

1. Leonard Hayflick e Paul Moorehead, da Universidade da Califórnia em São Francisco, "The serial cultivation of human diploid cell strains". *Exp. Cell Res.*, December 1961, 25, pp. 585-621.

2. Graças, sobretudo, aos trabalhos de Calvin Harley, da McMaster University, e depois de Elizabeth Blackburn, da Universidade da Califórnia em São Francisco, prêmio Nobel de Medicina de 2004.

3. Tese proposta por Denham Harman, da Universidade de Nebraska, no final dos anos 1950: "Ageing: a theory based on free radical and radiation chemistry". *J. Gerontol.*, 1956, 2, pp. 298-300.

4. Pesquisas feitas por Bruce N. Ames, da Universidade de Berkeley, Califórnia.

5. G. B. West, J. H. Brown e B. J. Enquist, "The fourth dimension of life: fractal geometry and allometric scaling of organisms", *Science*, 1999, 284, pp. 1677-1679.

6. Bruce N. Ames *et alii*. "Acetyl-L-carnitine fed to old rats partially restores mitochondrial function and ambulatory activity", *PNAS (Proceedings of the National Academy of Sciences US)*, 4 August 1998, vol. 95, nº 16, pp. 9562-9566.

7. De acordo com a teoria de Jean-Claude Ameisen. Ver *La Sculpture du vivant. Le suicide cellulaire ou la mort créatrice*, Seuil, 1999, e "Points Sciences", 2003.

8. C. Kenyon, J. Chang, E. Gensch, A. Rudner, R. Tabtiang, "A *C. elegans* mutant that lives twice as long as wild type", *Nature*, 1993, 366, p. 461.

9. Ver os trabalhos de Clive McCay, da Cornell University.

10. Leonard Guarente do MIT (Massachusetts Institute of Technology) e David Sinclair, da Harvard Medical School, "Genetic pathways that regulate ageing in model organisms", *Nature*, 2000, 408, p. 255.

11. Trata-se do gene existente no cogumelo unicelular chamado SIR-2 (*silent information regulator*) e no homem do gene SIRT-1. O gene SIR-2 leva à síntese de uma proteína capaz de agir sobre a "estrutura" do DNA para ativar ou desativar outros genes devido a uma reação bioquímica chamada "desacetilação".

12. David Sinclair *et alii*, da Harvard Medical School, "Sirtuin activators mimic caloric restriction and delay ageing in metazoans", *Nature*, 5 August 2004, 430, pp. 686-689.

13. Aleksandra Trifunovic *et alii*, "Premature ageing in mice expressing defective mitochondrial DNA polymerase", *Nature*, 27 May 2004, 429, pp. 417-423.

14. Richard T. Lifton *et alii*, da Yale University, "A cluster of metabolic defects caused by mutation in a mithocondrial RNA", *Science*, 12 November 2004, 306 (5699), pp. 1190-1194.

15. No contexto da campanha "Detox" do WWF (World Wildlife Fund).

16. "L'Appel de Paris", por sugestão de Dominique Belpomme, renomado cancerologista, junto à Comissão Européia, e de Nicolas Hulot.

17. Aubrey de Grey, "Escape velocity: why the prospect of extreme human life extension matters now", *PLOS Biology*, 15 June 2004, 2 (6).

18. Jean de Kervasdoué, Henri Picheral, Jean-Marc Macé, *Santé et Territoires. Carnet de santé de la France 2004*, Dunod, 2004.

19. Na França, em três anos, a prevalência da obesidade entre os 35-44 anos passou de 8,4% para 11,6%, e hoje se contam 5,4 milhões de obesos e 14,4 milhões com excesso de peso. O número de pessoas com peso excessivo passou de 28,5% em 1997 para 30,3% em 2003.

20. A Centagenetix fundiu-se com a Elixir Pharmaceutical criada por Leonard Guarente e Cynthia Kenyon.

21 A. Eukarion foi adquirida pela Proteome Systems em dezembro de 2004.

22. DeCode Genetics na Islândia ou Roche Diagnostics na Califórnia.

23. O inibidor da enzima de conversão que transforma a angiotensina I em angiotensina II, uma das moléculas na base da hipertensão.

24. Como o Probiox, na Bélgica.

25. Éric Renard, Jacques Bringer, "Insulinothérapie par pompes portables et implantables", *Sang, Thrombose, Vaisseaux*, avril 2001, vol. 13, nº 4, pp. 204-212 (Hôpital Lapeyronie, 34295 Montpellier, cedex 5).

26. As primeiras pílulas inteligentes foram desenvolvidas por Robert Langer, do MIT: Robert Langer *et alii*, "A controlled-release microchip", *Nature*, 28 January 1999, 397, pp. 335-338; Robert Langer *et alii*, "Multipulse drug delivery from a resorbable polymeric microchip device", *Nature*, 2003, Materials 2, pp. 767-772.

27. Resultado obtido em maio de 2005. Woo Suk Kwang *et alii*, "Patient-specific embryonic sstem cells derived from human SCNT blastocysts", *Science*, 19 May 2005, publicado em série.

28. Michael Wassenegger, do Instituto Max Planck. M. Wassenegger, S. Heimes. L. Riedel, H. L. Sanger, "RNA-directed de novo methylation of genomic sequences in plants", *Cell.*, 11 February 1994, 76 (3), pp. 567-576.

29. Sobre os ratos: J. K. Chapin, K. A. Moxon, R. S. Markowitz e M. A. L. Nicolelis, "Real-time control of a robot arm using simultaneously recorded neurons in the motor cortex", *Nature Neuroscience*, 1999, 2, pp. 664-670. Ver também os trabalhos de Miguel Nicolelis, da Duke University, sobre os macacos.

30. Charles C. Mann, "The coming death shortage", *The Atlantic Monthly*, May 2005, pp. 92-102.

31. Patrick Viveret, *Pourquoi ça ne va plus mal?*, Fayard, 2005.

Impresso no Brasil pelo
Sistema Cameron da Divisão Gráfica da
DISTRIBUIDORA RECORD DE SERVIÇOS DE IMPRENSA S.A.
Rua Argentina 171 – Rio de Janeiro, RJ – 20921-380 – Tel.: 2585-2000